DAGMAR SCHÖNLEBER
VIERZIG FIEBER
EINE GRADWANDERUNG

FAST EIN ROMAN

SATYR VERLAG

1. Auflage März 2014

© Satyr Verlag Volker Surmann, Berlin 2014
www.satyr-verlag.de

Cover: Sarah Bosetti (www.sarahbosetti.com)
Portraitfoto Innenklappe: Ralf Bauer
Druck: CPI Clausen & Bosse, Leck
Printed in Germany

Die Deutsche Nationalbibliothek verzeichnet diese Publikation in der Deutschen
Nationalbibliografie; detaillierte bibliografische Daten sind im Internet abrufbar
über: http://dnb.d-nb.de

Die Marke »Satyr Verlag« ist eingetragen auf den Verlagsgründer Peter Maassen.

ISBN: 978-3-944035-27-7

noch 334 Tage

VIELLEICHT SIND'S JA DOCH NUR DIE HORMONE (1)
ODER: WARUM ALLES BEGANN

Mein Name ist Charlotte Niesguth, ich bin unter vierzig und sehe dem Ende entgegen. Nicht meinem persönlichen Ende, sondern dem Ende der Dreißigerjahre. *Meiner* Dreißigerjahre, nix von wegen Hitler oder so. Und nein, keine Angst, ich bin auch nicht in der Midlife-Crisis, die ich durch Makramee-Kurse an der Volkshochschule und peinliche Auftritte mit selbst verfasster melancholischer Lyrik zu überwinden versuche. Noch nicht jedenfalls.

Bis vor Kurzem habe ich auch nicht im Traum daran gedacht, über mein Alter nachzudenken, warum auch? Ich bin wenig von Tod und Krankheit umgeben, ich lebe die meiste Zeit in einer ziemlich egozentrischen, undramatischen Happywelt, in der die größte Katastrophe darin besteht, dass jemand seine Ägyptenreise canceln muss, weil *dort* Bürgerkrieg herrscht.

Ich habe nie etwas durch meinen Geburtskanal gepresst, ich hatte es nie ernsthaft vor und möchte es ganz bestimmt nicht nachholen. Ich vermisse weder das Gefühl, das eigene Kind im Arm zu halten, noch die Erfahrung einer Schwangerschaft. Ich heule schon, wenn ich mir den kleinen Zeh am Türrahmen stoße, da muss ich echt kein Kind zur Welt bringen. Ich musste nie länger als drei Monate aufs Rauchen oder Trinken verzichten und bin dafür sehr dankbar. Wenn ich mal nichts Besseres zu tun habe, bewundere ich Mütter und auch Väter für ihre Fähigkeit zur Selbstaufgabe zugunsten eines Kleinkindes, für ihre Disziplin, ihr Durchhaltevermögen, aber meistens habe ich etwas Besseres zu tun. Ich möchte nicht mit ihnen tauschen. Darum habe ich auch keine Katzen oder Hunde, denn auf die muss man genauso aufpassen (Katzen und Hunde sind das Methadon der Kinderlosen!). Ich habe meinen Freund, Marcus, der über weite Strecken sehr gut für sich selbst sorgen kann und noch weitere liebenswerte Eigenschaften in sich vereint, zum Beispiel eine hohe Attraktivität bei geringem Aufwand für dieselbe. Das erweist sich als ungemein vorteilhaft bei der Badezimmeraufenthaltszeit, wenn man zusammenlebt. Wir sind beide mehr oder weniger zufällig in Köln gelandet und dort geblieben, er aus beruflichen Gründen, ich aus Bequemlichkeit. Marcus schuftet in einem gut bezahlten, festen Job und ist ein solider, bodenständiger Freigeist, solange ihm niemand Jägermeister in die Hand drückt. Er hat ein Herz für Albernheiten und wenig Sinn für Selbstmitleid. Außerdem möchte er genau wie ich keine Kinder, denn er hat schon welche.

Auf diese Weise bin ich also vor sieben Jahren trotzdem an zwei Kinder geraten, zwar nur in Teilzeit, dafür aber Zwillinge, Mona und Lisa. Das wäre natürlich eigentlich direkt ein Trennungsgrund gewesen. Nicht die Kinder an sich, sondern die Erkenntnis, dass ein Mensch, der zwei unschuldigen jungen Wesen solche Namen verpasst, eine eher befremdliche Art von hinterhältigem Humor haben muss, die einen im Zweifelsfall auch selbst treffen könnte. Aber ehrlich gesagt ist das ein Charakterzug, den ich an Marcus sehr schätze. Und lieber Mona und Lisa als Hanni und Nanni. Zum Glück sind sie zweieiig und somit auch für Laien wie mich leicht zu unterscheiden. Als ich sie zum ersten Mal sah, waren sie sechs Jahre alt und sprachen nicht viel. Das war eine schöne Zeit, nach der ich mich manchmal sehne, denn mittlerweile plappern sie wie die Niagarafälle und schlagen mich mit Argumenten, die ich ihnen über die Jahre selbst beigebracht habe. Das ist so, als ob sich dein Spiegelbild morgens plötzlich selbst schminkt, anschließend besser aussieht als du, dir den Stinkefinger zeigt und dich mit Zahnbürste im Mund allein dastehen lässt. Zum Glück haben sie eine Art eigenes Leben, eine Erstfamilie und eine Mutter, und darüber sind alle sehr froh, ich vielleicht am meisten.

Und auch wenn das jetzt überraschend klingen mag: Ich kann Kinder gut leiden. Wirklich. Kinder sind cool, ehrlich, lustig, und weil es nicht meine sind, kann ich mich von ihnen distanzieren, sobald ich das nicht mehr so sehe.

Was man sehr schonungslos vor Augen gehalten bekommt, wenn in der eigenen Umlaufbahn Kinder kreisen, ist das eigene Altern und dessen zunehmende Geschwindigkeit. Eben lag der kleine Leon noch mit Milchfläschchen im Strampelanzug in Muttis Armen und nur einen Wimpernschlag später schon als Teenager auf dem Schützenfest unter der Theke, mit einer auf zwanzig hochgeschminkten Vierzehnjährigen im Arm und Jägermeisterfläschchen im Anschlag, während man selbst den Eindruck hat, in der Zwischenzeit nur mal kurz zum Briefkasten gewesen zu sein.

Die Zeit ist eine merkwürdige Veranstaltung: Sie vergeht, man spürt es auch, doch irgendwie kommt der Kopf nicht hinterher. Das ist wie ein Langstreckenflug von Paderborn nach Phnom Penh: Man fliegt in der Einöde los, guckt auf dem Weg ein paar mittelgute Filme zur Ablenkung oder liest im Reiseführer Kambodscha, während man gar nicht richtig mitkriegt, was man alles überfliegt, und findet sich plötzlich mit Jetlag Heuschrecken essend in einem völlig anderen Kulturkreis wieder, während man noch den Geschmack von Paderborner Landbrot auf der Zunge hat.

Komischerweise hatte ich nie Schwierigkeiten, mir mich selbst als Oma vorzustellen. Ich wäre klein (also genauso groß wie jetzt), hätte rosige Apfelbäckchen (die ich noch nie hatte, keine Ahnung, wo die plötzlich herkommen sollen), wäre fröhlich und würde den ganzen Tag meine Nachbarinnen und Nachbarn, Enkelkinder (Kinder hatte ich nie auf dem Plan, Enkel schon!) und frei laufende Tiere auf ein Stück selbst gemachten Apfelkuchen einladen und zur eigenen Unterhaltung mit achtzig beginnen, Heroin zu rauchen. Ein großartiger Ausblick.

Die Zeit davor allerdings war für mich immer eine große Nebelbank, mal grau, mal rosa, aber immer undurchdringlich.

Mit zwölf stellte ich mir mein Leben mit dreißig ungefähr so vor: Ich würde in einem coolen Bauernhaus mit mindestens drei Pferden, einem Esel und diversem Kleinvieh wie Hunden, Katzen und Hühnern wohnen, am besten gleich auf 'nem Reiterhof. Ich hätte irgendeinen Beruf, der mir nebensächlich schien, solange er genug Geld für das coole Haus oder den Reiterhof abwürfe, oder aber ich wäre direkt Reitlehrerin. Wahrscheinlich hätte ich ein paar Kinder, weil man die als ältere Frau eben so hat, die auch vielleicht ab und zu auf meinen Pferden reiten dürften. Es sollte sich dabei unbedingt um einen Friesenwallach namens »Blackjack«, eine Haflingerstute (»Sternchen«) und irgendeinen Falben, den ich »Peter« zu nennen gedachte, handeln. Über die Namen und Geschlechter meiner Kinder hatte ich mir übrigens keine Gedanken gemacht, geschweige denn über meinen Mann oder zumindest den Vater der wohl anfallenden Kinder. Ich zog Ralph Macchio (*Karate Kid*, aus den Achtzigern, erinnern Sie sich?) in Betracht, allerdings nur so lange, bis mein ohnehin nur flüchtiges Interesse für Kampfsportkino dem für Rock- und Popmusik wich, und favorisierte von da an alle Tänzer aus *Fame*.

Wie mein Leben mit vierzig aussehen sollte, konnte ich mir damals noch gar nicht ausmalen, denn dann wäre ich fast so alt wie meine Mutter zu dem damaligen Zeitpunkt, und das sprengte meine Vorstellungskraft. Es erschien mir ungefähr so wahrscheinlich, dass ich mal so alt wie meine Mutter werden könnte, wie dass ich meine eigene Oma würde.

Mit fünfzehn waren die Pferde in meiner zukünftigen Lebenswelt immer noch aktuell, jedoch waren meine eigenen Kinder deutlich in den Hintergrund gerückt. Kein Wunder, ich pubertierte und war überzeugt, dass die ganze Welt kein lebenswerter Ort wäre (außer für Pferde), und erst recht wollte ich mich selbst niemals mit pubertierenden Teenies strafen. Überhaupt hatte eine vernünftige Dreißigjährige in meiner alternativmusikgeprägten Fantasie sowieso schon mit siebenundzwanzig zu sterben oder aber zumindest geistig niemals älter als siebenundzwanzig zu werden. Dass mein Körper altert, kam für mich gar nicht infrage beziehungsweise beunruhigte mich nicht aufgrund des erfrischenden Desinteresses, das Teenager allem entgegenbringen, was sie nicht im aktuellen Moment betrifft.

Ab da bin ich einfach älter geworden, ohne mir weitere Gedanken über eine ferne, aber doch immer näher kommende Zukunft zu machen. Geld verdienen, über die Runden kommen, Beziehungen anfangen, Beziehungen aufgeben und zwischendurch mal Denkblasen wie »In das Land möchte ich auch mal fahren« oder »Irgendwann habe ich auch mal einen richtigen Job, in dem ich lange Zeit glücklich bin«, die man unter dem Motto »Wenn ich mal groß bin ...« zusammenfassen könnte. »Wenn ich mal groß bin, dann haue ich allen Arschlöchern, die mich grundlos anblaffen, voll auf die Fresse«, sagte ich zu meiner Freundin Josie. Das war letztes Jahr, ich war achtunddreißig.

Die letzte Geburtstagsparty, die ich groß gefeiert habe, war an meinem Fünfunddreißigsten. Sie war so, wie eine zünftige Party sein sollte: Irgendwann haben Ollis Haare gebrannt, Andrea ist beim Tanzen die Treppe heruntergefallen, woraufhin zwei andere einen solchen Lachanfall bekommen haben, dass die Küchenbank zusammenbrach. Der Verstärker ist durchgeknallt, die

Bullen kamen und gingen auch wieder, jemand hat noch ein Paar Boxen gefunden und an den Rechner angeschlossen, und an den Rest kann sich wegen des selbst gebrannten Schnapses, den irgendwer mitgebracht hatte, niemand mehr erinnern. Es ist kein Paar auseinandergegangen, aber es haben sich zwei neue gefunden, wenn auch eines nur bis zu dem Zeitpunkt, als beide wieder völlig nüchtern waren, also nach drei Tagen.

Vor vier Wochen bin ich neununddreißig geworden, in elf Monaten habe ich meine Schuhgröße überholt. Ich bin älter geworden, als ich mir je vorgestellt habe, und weiß gar nicht, was das bedeutet. Wie ist man denn so mit vierzig? Was macht man da? Was braucht man so? Wie sollte man nach Ansicht der Gesellschaft sein? Und trifft das auch auf mich zu?

Diese Fragen tauchten nach einer sehr irritierenden »Party« einer bis dahin guten Bekannten auf.

Ulrike ist vierzig geworden und lud zu sich ein, allerdings erst Wochen später, da sie »dem Ereignis nicht so große Bedeutung« beimesse. Ulrike war in meinen Augen immer eine jung gebliebene, sportliche, alternativ angehauchte Frau, die in ihrer Freizeit gerne las, Musik hörte, reiste und in einer leitenden Stelle der offenen Jugendarbeit tätig war, also an den teilweise offenen Pulsadern der nächsten Generation. Ich kenne Ulrike noch aus der Zeit, als ich selbst mit »irgendwas Sozialem« Geld verdient habe, bis mir das zu asozial wurde.

Ich verstehe genug von Photoshop und Grafikprogrammen, dass ich ulkige Plakate zusammenschustern kann, aber ich bin keine Grafikerin. Ich kann ganz gut Aufträge erfüllen, aber mir schlecht eigene ausdenken. Darum arbeite ich seit zwölf Jahren als freiberufliches »Mädchen für alles«, vom Hausputz über Grafik, Catering und Alltagsdienstleistungen (nein, nichts Sexuelles, auch wenn manch einem das zu Hause manchmal als Dienstleistung vorkommen mag) wie Schreibarbeiten, Einkäufe, Organisation von Festen bis hin zur Seniorenunterhaltung, und ja, ich kann davon leben. Legal. Mit Gewerbeschein und allem Drum und Dran. Ich glaube, das nennt man »aus vielen Talentansätzen irgendetwas Sinnvolles machen«. Man könnte auch sagen, dass ich vielfältig begabt bin, aber nichts so richtig kann. Weil mir schnell langweilig wird, halte ich keine Begabung bis zur Perfektion durch. Mittlerweile habe ich Stammkundschaft, aber auch immer wieder einmalige Einsätze, und bei Letzteren ist es echt von Vorteil, in einer recht anonymen Großstadt zu ... na ja, nennen wir es »praktizieren«. Ich würde sagen, meine Einfrau-Firma »Sachen machen« hat sich bei einem überschaubaren Kundenkreis zu einer festen Größe entwickelt. Wie so manche Dinge in meinem Leben ist dieses Berufsbild eher zufällig entstanden, aus einer produktiven Mischung aus Faulheit und Mangel an besseren Ideen, aber ich komme gut damit klar, weil ich mich dabei freier fühle, als wenn ich mich von einem Minijob zum nächsten hangeln müsste. Wenn man mich also fragen würde, ob ich mich bisher in meinem Leben eher für Kinder oder Karriere entschieden hätte, antwortete ich mit einem ganz klaren »Für's oder!«, wahrscheinlicher aber würde ich den Fragesteller anherrschen, was das denn für eine blöde, eindimensionale Fragestellung sei und ob er in seiner kleinbürgerlichen Bullerbü-Welt nicht auch Platz für alternative Lebensmodelle hätte. Wenn er dann gedemütigt weitergezogen wäre, würde ich mich umdrehen und weinen, weil sich das »weder – noch« manchmal irgendwie gescheitert anfühlt, aber zurück zu Ulrike:

Marcus und ich betreten Ulrikes Wohnung, nicht ohne vorher die Schuhe ausziehen zu müssen. Ulrike und ihr Mann Joachim haben neues Parkett verlegt, das will geschont werden, zumal sie auch so viel Ärger mit den Handwerkern hatten. »Wir hatten ja nur Ärger mit den Handwerkern«, erklärt Joachim, noch bevor wir den Flur durchquert haben. Im Laufe des Abends hören wir noch die Abwandlungen »Mit Handwerkern hat man ja nur Ärger«, »Es ist so schwierig, ordentliche Handwerker zu finden«, »Immer musste dahinter stehen und überprüfen, bei den Handwerkern« und »Das nächste Mal holen wir uns auch ein paar Polen, mit den deutschen Handwerkern hat man ja nur Ärger!«. Ich erinnere mich, dass Ulrike vor einigen Jahren betrunken auf einer Party eine Lobrede auf ihren selbst verlegten Linoleumboden im Wohnzimmer grölte, weil man auf diesen sowohl kleckern als auch kotzen, mit High Heels drüber steppen oder mit dicken Wollsocken schlittern könnte, ohne dass sich bleibende Schäden zeigen täten. »Llliebes Lllinolleum, Du bisserallaallabeste!«, schnäuzte sie noch, stützte sich auf dem Rand der Bowleschüssel ab, die einen Salto schlug, zwei Gläser mitriss, welche zersprangen und dann bewiesen, dass, wenn man oft genug mit Doc Martens über Scherben läuft, auch ein Linoleumboden nicht mehr wie neu aussieht.

»Auf Parkett wär das teurer geworden«, denke ich, während ich Ulrike auf Socken an modernen Kunstdrucken vorbei in die Küche folge, in der zum Glück noch alles wie früher aussieht. Gemütlich. Aus dem Wohnzimmer tönt mittellaut Musik, irgendein Remix eines noch ziemlich aktuellen Radiohits. Das habe ich noch nie verstanden: Warum gibt es neuerdings mehrere Versionen von ein und demselben Scheißlied? Mies gesampelt mit nervtötendem Discobeat darunter, nur noch getoppt durch das leiernde Gejodel irgendeiner seelenlosen Pseudo-R'n'B-Schlampe? Und warum macht hier auf der Party niemand das Radio aus?

Aber es ist gar kein Radio. »Das ist die neue CD von ... (fügen Sie hier eine nichtssagende Musikformation Ihrer Wahl ein, ich kann mir die Namen so schlecht merken!), die ist echt gut, kennste schon?«, fragt Ulrike und deutet mit dem Kopf in Richtung der bemitleidenswerten Lautsprecherbox. »Bist du bekloppt?«, fragt Marcus zurück und offenbart einmal mehr eine seiner Charakterstärken: eine präzise Zusammenfassung des mutmaßlichen geistigen Zustandes seines Gegenübers, aber so charmant als

Frage formuliert, dass das Gegenüber sie nicht als Zuschreibung und Wertung empfindet. Im Subtext sind allerdings die Aberkennung sämtlicher ästhetischer Urteilsfähigkeit und die eventuelle Aufkündigung der Freundschaft enthalten. Ulrike zeigt sich unbeeindruckt: »Doch, die haben viel mehr drauf, als man so denkt, wenn man die nur im Radio hört. Man muss ja auch mal mit der Zeit gehen, damit man up to date bleibt!«

»Muss man nicht«, denke ich, denn ich fühle mich beim Hören meiner *Ramones*-Platten wesentlich jünger und wilder als beim Erleiden der deutschen Radio-Top-Ten, was wahrscheinlich bedeutet, dass ich 1.) auch nicht mehr ganz jung bin und 2.) starrsinnig werde. Ich komme allerdings nicht mehr dazu, meine Meinung zum Thema Musik laut zu offenbaren, denn Joachim schiebt uns ins Wohnzimmer, weshalb ich nur Marcus angucke und wir zeitgleich mit den Augen rollen. Seit wann finden gute Partys im Wohnzimmer statt? Die Küche ist die Brutstätte jeder guten Party. Da darf man rauchen, essen, und da steht der Kühlschrank mit den kalten Getränken. Also warum Wohnzimmer?!

Weil es keine gute Party wird.

Das merke ich sofort, denn ungefähr fünfzehn Menschen stehen oder sitzen im großzügigen Wohnzimmer verteilt, das von einer gigantischen Sitzecke beherrscht wird. Hier verstehe ich den Begriff »Wohnlandschaft« zum ersten Mal: Das Sofa ist so groß, dass man darauf wahrscheinlich verschiedene Klimazonen erleben kann. Es ist auf einen gigantischen Flachbildschirm ausgerichtet. »Geil, 'ne? Der ist 3D-fähig, integriertes W-Lan und so, da geht die Post ab«, grinst Joachim, und ich sehe, dass Marcus nickt, weil er in Gedanken einen Vergleich zu unserem Röhrenfernseher aus der Jungsteinzeit zieht, den wir von seiner Oma geerbt haben und dessen Bildqualität langsam zu wünschen übrig lässt. Ehrlich gesagt erkennt man bei einem Fußballspiel kaum noch den Ball, weshalb wir immer woanders gucken müssen. Schade, denn ich liege gerne zu Hause auf dem Sofa, aber wir besitzen ja auch keine Wohnlandschaft. Ein bisschen neidisch bin ich auch, merke ich.

Nach der unsäglichen CD dieser »Man muss am Puls der Zeit bleiben«-Band macht Joachim seinen Rechner an und lässt im Hintergrund einen wilden Mix der letzten vier Jahrzehnte laufen, es sind sehr schöne Lieder dabei, aber getanzt wird nicht. Ulrike trinkt Bier, Joachim Wein, aber keiner zu viel. Die Themen spreizen sich von Fußball und Arbeit über die aktuelle politische Lage hin zu Kochrezepten, Krankheiten und »was die oder der jetzt so macht«. Es ist nicht richtig langweilig, aber ich frage mich, über was wir früher so geredet haben. Ich gehe auf den Balkon, um zu rauchen. Ulrike kommt nichtrauchend neben mich: »Hey, ich hab die Angelique getroffen, weißt du noch, diese Jugendliche, die ich mal betreut habe, die ist jetzt auch schon Ende zwanzig, Wahnsinn, oder? Die hat zwei Kinder von zwei Vätern, aber sieht ganz gut aus. Aber dann hatte sie ihren neuen Freund dabei, und das war auch wieder so ein Typ ... das geht nicht gut. Weißte, der ist so an den Unterarmen tätowiert, das ist doch schon ... der kann doch keinen anständigen Job haben.«

Bitte?! Ich überlege, ob ich mich verhört haben könnte. Ulrike ist ja auch schon sehr lange in ihrem Job und ist doch »voll am Puls der Zeit«, sie hat mit vielerlei Arten von Menschen zu tun, woher kommt denn jetzt dieser stockkonservative Ausspruch? Seit David Beckham sind Ganzkörpertattoos doch ein Zeichen von Hipsein und Sex-Appeal und kein Stigma ehemaliger Schwerverbrecher mehr!

»Du glaubst, der Typ ist nicht gut für sie, weil er an den Unterarmen tätowiert ist?«, frage ich Ulrike sicherheitshalber noch einmal.

»Ja ... nein ... Also einen seriösen Job kann der doch nicht haben, wenn der so doll tätowiert ist, dass man die Tattoos immer sieht. Und ich mein doch nur, weil ... die hatte doch schon immer so Vollidioten, ich würde ihr nur einfach mal einen Guten wünschen, der auch arbeitet und Geld nach Hause bringt. Weißte, was ich meine?« Ulrike guckt mich an, als ob ich gefälligst zu wissen habe, was sie meint.

»Und all diese zum Scheitern verurteilten Wünsche machst du an den Tattoos fest? Mann, ich glaube, in jedem seriösen Beruf sind heutzutage Tattoos erlaubt und, wenn ich die Aldi-Kassiererinnen in der Grünstraße angucke, vielleicht sogar Pflicht! Okay, bei Bankern vielleicht nicht. Aber seit wann ist Banker ein seriöser Beruf?«, frage ich Ulrike investigativ zurück.

Sie zögert. Sie kann sich noch nicht richtig von ihrer Grundaussage lösen, aber es ist ihr auch ein wenig peinlich. Irgendein Gast steckt den Kopf durch die Balkontür und fragt, ob noch Rotwein da sei, Ulrike entschuldigt sich glücklich und stürzt in die Küche.

Ich gehe zu Marcus, der mit Joachim und einem weiteren Paar, das ich nur flüchtig kenne, in eine hitzige Diskussion über den Sinn von Steuervorteilen für Oldtimer verstrickt ist. Super, ist ja auch genau mein Thema. Ich drehe die Musik lauter, denn gerade läuft »Freakscene« von *Dinosaur Jr.*, was die Situation hier ganz gut beschreibt. Marcus geht in die Küche, um nach Jägermeister zu fragen, ich ziehe ihn zur Seite, um ihn nach seiner Meinung zu Unterarmtattoos zu fragen.

»Wer's braucht«, zuckt er mit den Schultern und sieht mich dann lauernd an. »Willst du ...? Du hast doch schon ...!«

»Wer weiß? Vielleicht so'n Anker und ein Herz mit ›Mutti‹ drin?«

»Wenn, dann ja wohl eins mit ›Vatti‹«, grinst Marcus, und jemand ruft: »Mach doch mal einer die Musik leiser, man versteht ja sein eigenes Wort nicht!«

Wieder rollen wir synchron mit den Augen. Zum Glück. »Wenn jetzt noch jemand ...«, denke ich gerade, und da sagt es auch schon die Frau des flüchtig bekannten Pärchens: »Ist der Pudding mit Kuh- oder Sojamilch? Ich bin doch laktoseintolerant!«

15

Und Ulrike springt sofort bei: »Nee, das ist natürlich Sojamilch und alles bio, auch hier das Fleisch, das ist gutes Fleisch!«

Marcus hat schon den vierten oder fünften Jägermeister intus
und kräht: »Gutes Fleisch! Nicht vom böööööösen Schwein!« Eine
mir unbekannte Frau sieht ihn strafend an und sagt: »Ich finde,
darüber sollte sich ein verantwortungsbewusster Mensch schon
Gedanken machen, der Konsument bestimmt doch den Markt,
und ich kaufe Fleisch nur noch bei Hofschlachtungen!«

»Wir sind Vegetarier«, kontere ich, Marcus versucht unauffällig, seine eben angebissene Frikadelle verschwinden zu lassen,
dann ist Ruhe. Ich mustere die Frau, die irgendein Designerkos-
tüm trägt (woher kennt Ulrike die eigentlich?), und ertappe mich
bei drei Gedanken: 1.) Wie kann man in seiner Freizeit nur so
rumlaufen, du freudlose Spießertussi?, gefolgt von 2.) Oh, mein
Gott, ich bin genauso ein Vorurteilsfascho wie Ulrike, und 3.) Jä-
germeisterflasche bunkern und nichts wie weg hier.

Gedacht, getan.

Marcus und ich teilen uns den Jägermeisterrest und ein Ta-
blett voll Frikadellen, das Marcus aus seinem Rucksack zaubert
und ebenfalls aus Ulrikes Küche stammt, kichernd in unserer ...
na ja, wenn Ulrike und Joachim eine Wohn*landschaft* haben, haben wir vielleicht eine Wohn*stelle*. Wir gucken *Big Bang Theory*
und amüsieren uns über die bekloppten Nerds.

»Dassisn bisschen wiem Zsssoo odaauf Ulrikes Party, so
fremmmden Schpessies sssugucken«, lallt Marcus und nickt ein.
Ich nicke, aber noch nicht ein. Ich denke immer noch. In knapp
einem Jahr werde ich vierzig. Passiert in diesem Jahr irgendeine
geheime Mutation mit mir? Immerhin war Ulrike auch mal lo-
ckerer und besser drauf. Wenn ja, kann ich was dagegen tun?
Gibt es Impfungen?

Während auch ich durch einen Jägermeisternebel dem Schlaf
entgegenrutsche, verspreche ich mir, normal zu bleiben. Aber,
verdammt, was bedeutet das eigentlich noch mal?

noch 333 Tage

FÄHIGKEIT UND LEIDENSCHAFT

Es stimmt nicht, dass es »gute« und »schlechte« Menschen gibt. Jeder hat seine besonderen Fähigkeiten, bei manchen muss man nur sehr lange suchen. Bushido zum Beispiel ist zwar ein dummes, kriminelles, sexistisches Arschloch, aber er kann hervorragend schlechte Reime machen (Zitat: »*Du hast nicht gewusst, dass ich ein Rapper bin / doch ich wusste damals schon, du bist mein Schmetterling.*«). Karnevalsprinzen sind im Hamburger Umland ein mit großer Vorsicht und Skepsis betrachteter Menschenschlag, aber selbst das polonaisefeindlichste Nordlicht muss zugeben: Karnevalsprinzen können sehr gut winken. Manchmal sind es die kleinen Dinge im Leben, die einen an schlechten Tagen über Wasser halten.

Das denke ich, während ich hustend und niesend in der Bahn sitze. Mir gegenüber krakeelt eine Sechsjährige, deren herausragende Begabung offensichtlich im Bereich ADHS liegt. Aber seitdem ich einmal ausdrucksstark gehustet habe, macht sie auf ihrer Hyperaktiv-Tournee einen großen Bogen um mich. Womit

17

wir bei meiner Ausnahmebegabung sind: Ich kann nämlich sehr gut husten, überhaupt: Ich bin eine wahre Koryphäe in aktiver Erkältung.

Jetzt gerade ist es mal wieder so weit. Ich war am Tag zuvor mit meiner Freundin Andrea Pilze sammeln. Sie hatte eine ordentliche Portion Steinpilze gefunden (behauptet sie, ich habe seitdem nichts mehr von ihr gehört), ich eine Portion herrenloser Grippeviren, aus denen ich bereits eine veritable Erkältung gezaubert habe. Es braucht nämlich nur ein virales Lüftchen meine Atemwege zu kreuzen, vom Rest der Welt unbemerkt, doch ich spüre es auf und greife zu. Meine Kindheit bestand aus unterschiedlichsten Variationen von Erkältung mit Fieber. Niesguth – mein Name ist Programm. Sie können mir glauben, ich würde wesentlich lieber Frau Nasefrei heißen, aber alle nennen mich nur Hatschi. Schon immer. Ich kann nicht sagen, dass ich diesen Spitznamen liebe, aber besser als »Rotznase« oder »Schleimi« ist er allemal. Alle meine Freundinnen bekamen zu Nikolaus Schokolade und vielleicht sogar ein Wendy-Heft, ich Hustenbonbons und Taschentücher. Irgendwann war meine Familie so routiniert im Umgang mit meinen Erkältungen, dass sich auch bei 40 Grad Fieber niemand mehr ernsthaft Sorgen machte, sondern einfach nur scharfe Gegenstände aus meinem Zimmer entfernt wurden und mein Bett mehr Kissen bekam, damit ich mir beim Halluzinieren und Schlafwandeln nicht schlimm wehtat. Zwischen den einzelnen Erkältungen war ich sehr gesund. Weder asthmatisch noch sonst irgendwie schwächlich. Unser alter Hausarzt sagte mal zu meiner Mutter, ich hätte halt eine gute Nase dafür, wenn etwas in der Luft läge, ob Ärger oder ein neuer Virus, und würde dementsprechend reagieren, wir sollten das positiv sehen, ich sei doch ein prima Indikator. So verbrachte ich also einen veritablen Teil meines Lebens als ein fleischgewordener Psycho-Lackmustest. Vielleicht ist das mit ein Grund, warum ich Einzelkind geblieben bin. Ich habe zu meinen Eltern ein freundliches, aber recht distanziertes Verhältnis. Ich glaube, sie hätten sich eher eine Leistungsträgerin statt einer Überträgerin gewünscht, was sie selbstverständlich nie so formuliert haben, aber dass auch noch heute jedes Telefonat seitens meiner Mutter mit »Hast du endlich einen richtigen Beruf?« beginnt, sagt wohl einiges über den Grad ihrer Subtilität aus. Meine Eltern hatten beide einen richtigen Beruf, vor allem aber einmal ein glückliches Händchen beim Lotto, sodass sie sich vorzeitig zur Ruhe setzen konnten und jetzt in einem schnuckeligen Häuschen an der ostfriesischen Nordseeküste wohnen, wo sie gar nicht so wenige zusätzliche Euro durch den Verkauf von Bio-Schafskäse aus eigener Herstellung verdienen. Meine Eltern haben also ihre Schäfchen früh ins Trockene gebracht. Weil sie wissen, dass so viel Glück nur höchstens alle zwei Generationen vorkommen kann, sind sie sehr daran interessiert, dass ich mich um mein Hab und Gut selbst kümmere.

Im Laufe der Zeit scheint der psychische Teil meiner Atemwege stabiler oder einfach abgeklärter geworden zu sein, ich bin mittlerweile erheblich seltener erkältet, aber immer noch häufiger als andere. Vielleicht arbeite ich deswegen selbstständig, denn Schreibarbeiten für andere, Wände streichen oder Botengänge kann *ich* auch als wandelnde Fieberfantasie, solange kein Chef mich hetzt.

Ich war nie eines der Mädchen, die mit Schnupfennase entzückend aussehen und denen die krankheitsbedingte Blässe etwas Verführerisches gibt, etwas Mysteriöses, eine anämische Adeligkeit. Ich sah und sehe bei Erkältung niemals niedlich aus. Meine Haare sind innerhalb von Minuten fettig, meine Nase ist zerfetzt, meine Augen tränen oder sind so trüb wie ein umgekippter Baggersee. Ich kann mit meinem Niesen Trommelfelle zerreißen und ganze Inneneinrichtungen neu gestalten. Mein Husten löst Erdrutsche aus und bringt selbst unsere kettenrauchenden Nachbarn im Sommer dazu, ihre Fenster geschlossen zu halten. Gegen meinen rasselnden Atem klingt Darth Vader wie ein schnüffelnder Welpe, und das Einzige, was all diese Symptome übertönt, ist mein Jammern und Wehklagen.

Einzig Marcus, mein Freund, hält es in solchen Situationen tapfer an meiner Seite aus. Das ist eine *seiner* besonderen Fähigkeiten: Er ist immun gegen mich, und das klingt seltsam, wenn man das über den Mann an seiner Seite sagt. Er lässt sich von mir auch in Grippezeiten nicht anstecken, weder physisch noch psychisch. Aber das ist natürlich nicht seine einzige besondere Fähigkeit, oh nein. Er hat eine weitere herausragende Eigenschaft: Marcus hat eine fast übersinnliche Kenntnis und Leidenschaft für Autos. Er sieht sie da, wo andere sie nicht sehen beziehungsweise wo sie andere nicht interessieren. Das kann deeskalativ wirken, wenn zum Beispiel mitten im schönsten Streit auf offener Straße ein Triumph Spitfire vorbeifährt – dann ist sofort vergessen, dass ich eben mit meinem Niesen seiner Ausgehhose ein völlig neues Design verpasst habe.

In anderen Fällen bewirkt es das Gegenteil. Es kann zum Beispiel an einem gemütlichen Sonntagnachmittag auf dem Sofa vor dem Fernseher während der schönsten Tierdokumentation Folgendes passieren: Der Sprecher sagt gerade mit gedämpfter Stimme: »Schon Monate verfolgt die Forscherin die Spuren dieses Schakalpärchens. Werden ihr jetzt endlich die lang ersehnten Aufnahmen gelingen?« Dazu sieht man eine stümperhaft mit Buschwerk getarnte Frau, die mit der Kamera aus ihrem Fahrzeug, von dem man nur ein Stück Rückbank und einen Millimeter C-Säule im Anschnitt sieht, heraus in die traumhafte afrikanische Steppe starrt, wo sich allerhand possierliches bis aufregendes Viehzeug tummelt.

Ich drücke die Daumen, dass es der Forscherin endlich gelingen möge, denn ich würde gerne kleine Schakale sehen und bin angemessen aufgeregt. Auch Marcus sitzt gespannt wie ein Erdmännchen neben mir und schreit plötzlich auf: »Ist das ein

Renault? Aaaaach, na klar ist das ein Renault. Aber welches Baujahr? Welches Baujahr? Warum zeigen die denn das Auto nicht noch mal?!«

»Weil es eine Tierdokumentation ist?«, mutmaße ich, obwohl ich mir sicher bin, dass er mich nicht hört. Dann ein Schnitt, man sieht jetzt für den Bruchteil einer Sekunde ein kleines blaues Stück Blech, von dem ich noch nicht einmal sagen kann, ob es vorne oder hinten hingehört, und der Mann meines Lebens brüllt: »Ein Estafette! Ein Renault Estafette! Aber den gab's doch original gar nicht in der Farbe! Kann das denn wirklich sein? Warum zeigen die den denn nicht noch mal?!«

»Weil alle anderen Kinder die Schakale sehen wollen!«, sage ich leicht gereizt, und dann schaut er mich an, als hätte ich ihn geweckt, und fragt: »Was für Schakale?!«

Wenn das Auto dann wirklich nicht mehr gezeigt wird, kann er schlecht schlafen, was aber selten vorkommt, denn oft erhascht er noch einen Blick auf ein Stück Kotflügel und weiß dann Bescheid. Und natürlich hat er meist recht.

Genauso beim *Tatort*-Gucken. Nehmen wir als Beispiel einen Leipzig-*Tatort*: Simone Thomalla und ihr Schnütchen stehen in einem Parkhaus und sichern eine verdächtige Reifenspur, während Kollege Kommissar Keppler den dazugehörigen Volvo bereits drei Meter weiter gefunden hat, weil die Reifenspuren zu eben diesem führen. Marcus winkt ab: »Pah, eine Volvo-Limousine von 1983, die ist viel zu spießig, die fährt kein Mörder! Zumindest nicht in so einem durchschaubaren Format wie *Tatort*! Aber dahinten steht ein SUV mit extragroßen Reifen, das ist nicht serienmäßig, wenn der mitspielt, dann gehört er dem Mörder!« Und so war es dann auch.

Ich hab schon oft daran gedacht, ihn bei *Wetten dass..?* anzumelden, wenn Markus Lanz nicht wäre und wenn man als Preis nicht ein Auto bekommen würde. Denn davon haben wir schon einige, eines schöner und prächtiger als das andere, zuzüglich zahlreicher Ersatzteile, die man irgendwann bestimmt mal gebrauchen könnte. Meint mein Freund zumindest. Mittlerweile sind so viele Ersatzteile in unserer Garage gelagert, dass kein einziges unserer unvollständigen Autos hineinpasst und wir häufig Knöllchen wegen unerlaubten Parkens auf dem Bürgersteig bekommen.

Natürlich frage ich mich oft, wozu manche Fähigkeiten zum Überleben im Alltag nützen und was die Evolution damit wohl beabsichtigt hat. Nun: Marcus kann unsere Autos zumindest auch immer reparieren, wenn sie kaputt sind, und das sind sie öfters, nicht zuletzt deswegen, weil ich es mit Wartung, Pflege und Einparken nicht so genau nehme. Meist geht unser akut fahrbares Auto zu unpassenden Gelegenheiten kaputt. Einmal blieben wir in Italien liegen, während wir unter Zeitdruck auf dem Weg zur Fähre in den Urlaub waren und diese zu verpassen drohten, und das Ganze am Rande einer viel befahrenen Serpentinenstraße ohne Randstreifen, bei Nacht, ohne Licht. Ich spürte schon eine Stressgrippe in mir aufziehen, aber mein Freund ist der personifizierte Pferdestärkenflüsterer. Wie einst MacGyver schaffte er es nur mithilfe einer Stricknadel und eines Korkens, vielleicht auch nur durch ein kurzes Gespräch von Mensch zu Maschine, dass wir und das Auto gemeinsam rechtzeitig die Fähre erreichten. Allein das rechtfertigt seine Leidenschaft. Außerdem glaube ich, dass wir in Kombination unserer Fähigkeiten nahezu unschlagbar sind: Ich mache kaputt, er heilt. Falls wir jemals Opfer oder Zeugen eines Verbrechens werden, in dem auch nur ein Teil eines Autos eine Rolle spielt, wird der Täter nicht entkommen. Marcus wird ihn identifizieren, ich werde ihn in seine Einzelteile zerniesen.

Mag sein, dass durch seine Adern Diesel statt Blut fließt, vielleicht ist sein Herz ein V8-Motor, aber trotz allem darf ich im Bett links schlafen, also auf der Fahrerseite, und das ist noch mehr als Leidenschaft.

*immer noch 333 Tage,
oder sagen wir 332 ½*

VIELLEICHT SIND'S JA DOCH NUR DIE HORMONE (2)

Irgendwie habe ich nicht gut geschlafen. Ich hab geträumt, ich wäre im Zoo, aber statt Tieren waren lauter Menschen in den Käfigen, die mich flehend anstarrten und jaulten, doch als ich loslaufen wollte, um Hilfe zu holen, merkte ich, dass ich angekettet war. Auch vor mir standen Menschen, die die anderen, auch mich, beglotzten und teils die Köpfe schüttelten, teils sehnsüchtig und voller Ehrfurcht durch die Gitter starrten. Sie trugen Designerkostüme. Ich erhaschte einen Blick auf das Schild, das vor meinem Gehege stand: »Freiheitsliebender Mensch, vom Aussterben bedroht«. »Ja, kein Wunder, ihr Idioten, wenn ihr uns auch einsperrt!«, dachte ich, und jemand rüttelte an irgendwelchen Gitterstäben und kreischte laut, so laut ...

Gegenüber von unserem Schlafzimmerfenster ist eine Schreinerei. Normalerweise höre ich die Kreissäge gar nicht mehr, aber wenn das Gehör durch Katerkopfschmerz sensibilisiert ist, kriecht sie wie Schmieröl durch Träume hindurch in mein Bewusstsein. Nur in meins, wie ich feststelle, denn Marcus liegt noch selig schlafend auf dem Rücken, so zugedeckt, dass man

23

nur die Füße und vom Kopf ausschließlich den Haaransatz sieht. Ein sicheres Zeichen dafür, dass am Abend zuvor Alkohol im Spiel war. Kein nüchterner Mensch könnte es mit einer derartigen Fahne so lange unter der Decke aushalten! Ich glaube, deshalb kann er nach Trinkgelagen auch immer so lange schlafen: Unter seiner Decke ist so wenig Frischluftzufuhr von außen, dass er sich beim Atmen immer wieder selbst narkotisiert. Dabei schwitzt er allen Alkohol aus, und wenn alle Gifte weggefiltert sind, wacht er ausgeschlafen und erholt auf. Eigentlich ein geniales System, aber mir gegenüber irgendwie unfair. Ich muss mit Kreissäge und Kopfschmerz vorliebnehmen und wackele in die Küche, um mir einen Kaffee zu machen. Daran spüre ich das Älterwerden: Ich kann nicht mehr mit dem letzten Getränk des vorherigen Abends weitermachen, stattdessen brauche ich Kaffee. Oder sogar Tee. Kräutertee, ehrlich gesagt, schließlich ist Samstag, ich habe frei und muss gar nicht wach werden, nur gesund. Ich kann auch nicht mehr so lange schlafen wie früher. Vielleicht ist das schon senile Bettflucht.Wenn ich nur etwas fitter wäre, würde ich die frühe Zeit nutzen, um joggen oder schwimmen zu gehen, da ich das aber nie tue, werde ich wohl auch nie so fit werden, um je das Bedürfnis danach zu haben.

Immerhin fahre ich mit dem Fahrrad zum Bäcker.

Vor der Brötchentheke steht eine recht lange Schlange, etwas unsortiert. Ich stelle mich dorthin, wo ich das Ende der Schlange vermute. Ein Pärchen stellt sich neben mich, ich schätze die Frau auf Mitte vierzig. Als ich dran bin, drängelt sie sich vor: »Wir hätten gerne zehn normale Brötchen ...«

»Ähäm, ich glaube, ich bin dran«, werfe ich ein. Sie würdigt mich noch nicht einmal eines Blickes, zischt nur nach hinten »Jetzt stellen Sie sich mal nicht so an, wir kaufen viel mehr als Sie«, bestellt ungerührt weiter, ihr Mann zuckt mit den Schultern und grinst mich an, nach dem Motto »So ist sie halt«.

Der Bäckereifachverkäuferin ist die Reihenfolge offensichtlich egal, und ich bin zu schwach zum Kämpfen. In erster Linie bin ich sprachlos über eine solche Unverschämtheit.

Manchmal bin ich einfach überrumpelt, wenn zum Beispiel provokative Halbwüchsige oder gelangweilte Rentner einem irgendwelchen Schwachsinn hinterm Fahrrad herbrüllen, aber immer erst dann, wenn man schon so weit weg ist, dass man nichts mehr entgegnen kann. Das ist wahrscheinlich die Analogversion von obszönen Internetkommentaren. Anscheinend erzielen Menschen daraus eine gewisse Befriedigung, selbst wenn sie nur halb anonym bleiben (immerhin kann ich sie im Vorbeifahren sehen!). Jetzt jedenfalls stehe ich in der Schlange hinter einem Pärchen, dass sich gebärdet wie die Geissens undercover, und eigentlich wäre an dieser Stelle eine geschmeidige Entgegnung wie diese hier durchaus angemessen:

»Guten Tag. Es würde mich wirklich reizen, Sie durch den Fleischwolf zu drehen und aus dem Hack Ihre wahre Gestalt nachzubauen, wobei der formlose Klumpen, der mir zu Füßen läge, Ihrem Charakter wahrscheinlich schon ziemlich nahe käme. Jedes wirbellose Tier hat mehr Rückgrat als Sie, und jede Amöbe hat mehr Gewissen. Ehrlich, das Positivste, was ich gerade über Sie sagen kann, ist, dass selbst Fußpilz an Schönheit gewinnt, wenn man Sie zum Vergleich hat. Aber keine Sorge: Man sieht sich immer zweimal im Leben, also lassen Sie ab jetzt besser die Augen zu, denn wenn Sie mich das nächste Mal sehen, trage ich vielleicht eine Kettensäge bei mir.«

Doch selbst wenn ich so ein Kleinod an Konterfloskeln im Kopf hätte: In solchen Situationen macht die Wut immer einen Knoten in meine Zunge, und ich sage höchstens etwas wie »Hrmmpf«. Meist gehe ich nach solchen Situationen nach Hause und schreie meinen Freund an.

Der sagt, wenn er zu Wort kommt, ich sollte mal was für meine Entspannung tun, Wellness oder so. Es ist nicht so, dass ich es nicht versucht hätte: Neulich war ich mal in der Sauna. Doch in Zeiten der niedrigschwelligen Arbeitsvermittlung halten auch in Ruhezonen personifizierte Katastrophen Einzug.

Schon beim ersten Saunagang erwartete mich eine Blondine, die augenscheinlich ihrem Klischee entsprechen wollte. Sie begrüßte die Anwesenden, bewaffnet mit einem knallpinken Handtuch und kölschem Dialekt: »Juten Tach, isch bin Jennifer und isch heize Ihnen ein. Hahaha, nee, im Ernst, dat is mein erster Tach hier, Sie sind mein erster Aufguss und isch dachte, ein bisschen Spaß kann nischt schaden! Isch bin auch ein bisschen opjerescht, aber mein Kollege hat jesagt, dat jeht janz schnell weg, schließlisch bin isch anjezogen und Sie nischt. So, und jetzt Ruhe, falls sisch hier wirklisch einer entspannen will!« Sprachs und goss so viel auf, dass die eine Hälfte der Anwesenden nahezu bewusstlos gegart wurde, während sie die andere Hälfte beim Wedeln mit dem Handtuch k. o. schlug.

Ich schaffte den Absprung und wagte mich mit dem Mut der Verzweiflung in die benachbarte Saunakabine, nur um erneut eine Feststellung zu machen: Manche Menschen legen mit ihren Klamotten offensichtlich auch ihr Hirn, wahlweise ihr Schamgefühl ab, und andere Menschen können nicht flüstern.

Hier personifizierten sich beiderlei Charakterschwächen in einem fitnessstudiogestählten Typen mit derartigen Tribaltattoos an Bizeps und Nacken, wie sie in den Neunzigerjahren bei Frauen als »Arschgeweihe« sehr modern gewesen waren. Er zog seine Perle hinter sich her. Beim Eintreten in die Saunahütte stolperte er über eine Holzleiste, was er lautstark mit dem Wort »HOPPA-LA!« kommentierte.

Als die beiden in der recht vollen Hütte gegenüberliegende Plätze gefunden hatten, gab der Hecht alles, um seiner Freundin zu imponieren, ließ abwechselnd Brust- und Armmuskeln spielen und »flüsterte« dabei unüberhörbar: »Guck mal, Schatz, dat hier is alles für dich!«

Als das nicht direkt die gewünschte Wirkung erzielte,

schwenkte er um: »Aber zum Glück bin isch ja nischt nur groß und stark, isch bin ja auch sehr sensibel! Nisch wahr, Purzelschen?« – Eine Tatsache, die mir und allen anderen Saunagästen bisher noch nicht ins Auge gestochen war.

Auch seine Angebetete hielt sich mit Lob bedeckt, vielleicht war sie auch seiner Sprache nicht mächtig. Dann aber tat er das, was bei Frauen fast immer zieht: Er griff tief in die Trickkiste des Humors: Er zog die Oberlippe so zurück, dass seine beachtlichen Schneidezähne sichtbar wurden, machte schnalzende Geräusche, zuckte mit der Nase und sagte tatsächlich die denkwürdigen Worte: »Guck mal, Schatz. Isch bin ein Hase. Guck mal! Tststst!« Er war, nicht zu vergessen, nackt dabei.

Ich weiß nicht, ob sie direkt wieder in ihre Heimat zurückgeflogen ist, ich jedenfalls habe mir mein Handtuch geschnappt, auch diese Saunakabine verlassen und bin beim Versuch, mir in der Dusche das Bild des nackten Rammlers von der Netzhaut zu waschen, kläglich gescheitert.

Völlig erschöpft suchte ich den Ruheraum auf, der allerdings so durchdringend von Walgesängen beschallt wurde, dass man den Eindruck haben konnte, sämtliche Meeressäuger der Welt hätten sich hier zu einer Demo mit anschließender Massenorgie versammelt.

Mit letzter Kraft schleppte ich mich auf den letzten freien Liegestuhl in der Nähe eines künstlichen Kaminfeuers. In dem Moment, als ich entkräftet die Augen schloss, tanzte eine Sambagruppe durch das Kaminzimmer, mit lautem Rasseln und Pfeifen, Olés und Olàs, denn schließlich sei heute der Eventsaunatag unter dem Motto »karibische Nacht«. Das sagt einem das Personal aber auch nur, wenn man sich anschickt, jemanden zu töten, oder laut weint, musste ich feststellen. Entnervt packte ich meine Sachen. Diese Art Wellness ist definitiv nichts für mich.

Als ich wieder zu Hause war, war ich jedoch tatsächlich viel entspannter. Nicht wegen der Sauna, ich habe den ganzen Nachhauseweg Radfahrer angebrüllt. Was soll ich sagen? Es hilft tatsächlich!

Diese Erfahrung nützt mir in meiner jetzigen Situation leider gar nichts, denn andere Radler anzuschreien, während ich selber auf einem Fahrrad säße, wäre mir zu anstrengend, zumal mir heute Morgen Anschreien an sich schon zu anstrengend ist. Also schiebe ich, die Brötchentüte in der einen Hand, eine Zigarette in der anderen, meinen Drahtesel still nach Hause, wo Marcus immer noch auf Spritduftlämpchen macht.

Diese Vordrängelaktion der blöden Tusse hat mich wirklich geärgert. Es ist schwierig, ein toleranter Mensch zu sein, der sich gleichzeitig nicht übervorteilen lassen und seine Meinung vertreten will, vor allem verkatert. Ich weiß nicht, ob das unter die Kategorie »typisch Frau« fällt, aber so was kann mir echt den Tag versauen. Ob es auch Männer gibt, die sich über einen solchen Vorfall noch stundenlang Gedanken machen und mehrere Handlungsalternativen durchspielen? Was wäre gewesen, wenn ich der blöden Kuh einfach meinen Einkaufsbeutel über den Kopf gezogen hätte? Da war immerhin mein, sehr viel Kleingeld enthaltendes, schweres Portemonnaie drin. Hätte jemand von den Umstehenden eingegriffen? Hätten sie mich bejubelt? Hätten sie auch einfach lächelnd mit den Schultern gezuckt, nach dem Motto »So ist sie halt«? Hätte ich vielleicht psychologisch kontern können: »Leben Sie bitte Ihre Verlustängste nicht hier aus. Niemand von uns kann etwas dafür, dass Ihre Mutter Sie nie geliebt hat, aber wir alle hier können Ihre Mutter verstehen!«? Und was sagt das eigentlich über mich aus, dass ich mir solche Gedanken mache? Warum bin ich in manchen Momenten völlig verunsichert und der festen Überzeugung, dass der Rest der Welt gegen mich ist und mich nicht versteht? – Weil es vermutlich genau so ist.

Trotzdem: Wie kann man sich auf der einen Seite selbstständig mit gesundem Selbstbewusstsein und Unternehmergeist durchs Leben schlagen, während man auf der anderen Seite hinterrücks immer wieder von Biestern des Zweifels angefallen wird, die einem in die Waden beißen und einen so straucheln lassen, dass man sich in manchen Momenten wie in einer Reality-TV-Show auf RTL2 gefangen fühlt? Ist das die Durchschnittsbefindlichkeit einer Frau in den »besten Jahren«?

Oh, mein Gott, ich stecke schon wieder in so einer Grundsatzfragenspirale! Habe ich mir auf dieser Vierzigerparty etwa irgendwas eingefangen? Eine mir völlig unbekannte Art Fieber!? Hormone wahrscheinlich. Hormone, die sich in einer letzten spätpubertären Aufbäumaktion verlieren, bevor sie sich Richtung Wechseljahre verabschieden. Oder vielleicht auch andersherum, was weiß ich. Jetzt fehlt bloß noch ein spontaner Kinderwunsch und dass ich mir ein kleines Ladenlokal anmiete, um mich mit selbst gewickelten Filzblumen kreativ zu verwirklichen. Aber nicht mit mir, Freunde! Man muss doch nicht alle Klischees erfüllen, um als »normal« zu gelten, oder?

Ein ohrenbetäubendes Getöse übertönt die kreischende Kreissäge von nebenan. Marcus ist wach, so scheint es, und er lässt es alle wissen, unter Zuhilfenahme von *Led Zeppelin*. Vermutlich als Zeichen dafür, dass es reicht, eine Platte aufzulegen, um gleichzeitig Jon Bonham und sich selbst ins Leben zurückzuholen. Mein Kopf stöhnt gequält auf. »Mach die Musik leiser!«, brülle ich verzweifelt und erstarre im selben Moment. Was war das denn?! Wann habe ich jemals, ohne dass die Bullen danebenstanden oder es um zerfleischend synthetische Chartsmusik aus dem Radio ging, darum gebeten, die Musik leiser zu machen? Musik ist Balsam für die Seele, vor allem laute, aber mein Kopf scheint das heute anders zu sehen – oder ist es der Verstand? Werde ich alt oder nur gebrechlich? Spontan beschließe ich, dass, bis ich vierzig werde, solcherlei Unsätze nicht mehr über meine Lippen kommen sollen. Ich habe mich unter Kontrolle!

Und Marcus hat mich eh nicht gehört, also sind meine spießigen Altersanwandlungen noch einmal ungehört verhallt. Das sollte so bleiben! Ich werde selbst den pubertierenden Kindern beweisen, dass ich noch lange nicht zum alten Eisen gehöre, obwohl ich bald vierzig bin! Also schleiche ich mich ins Wohnzimmer, um heimlich den Plattenspieler etwas leiser zu drehen und gleichzeitig Marcus zu einem angedeuteten Tänzchen über den Teppich zu schubsen, während ich insgeheim hoffe, dass er stöhnend abwinkt und um Kaffee bittet.

FRAU KRONEJUNG
WILL TANZEN

»Ich schaffe das mit dem Fernseher nicht mehr, ich muss ins Altersheim!«, brülle ich durchs Haus. Dieser Ausruf führt zu verschiedenen Reaktionen. »Ja, echt, ey, voll Altersheim!«, nölt Mona, wahrscheinlich weil ich ihr und ihrer neun Minuten jüngeren Schwester eben erklärt habe, dass ich zum Frühstück keine Diskussionen über Justin Biebers Sexualverhalten hören möchte. Was ist mit der Jugend los? Ich habe meine Eltern früher nicht zwischen zwei Brötchen gefragt, ob Elvis' Tanzstil etwas mit seiner Prostata zu tun gehabt hat, erstens, weil ich gar nicht gewusst hätte, was eine Prostata ist, tut oder macht, und zweitens, weil ich nach jeder Erwähnung eines Begriffs aus genitalem Kontext für den Rest des Tages für mich allein zu sorgen gehabt hätte. Natürlich lobe ich mir daher die sexuelle Neugier oder Ungezwungenheit der Töchter meines Freundes, aber Justin Bieber zum Croissant geht einfach gar nicht, mit oder ohne Genitalien. Aufgrund meines kurzen Zusammenzuckens und eines etwas zu dramatisch ausgefallenen Augenrollens werde ich nun also als reif fürs Altersheim betitelt, während Marcus von unten zurückbrüllt: »Aber so schlimm ist es doch noch gar nicht!«

Er poltert in die Küche, in einer Hand die Kaffeetasse, in der anderen Hand ein Käsebrötchen, und augenscheinlich versucht er, sich unter derart verschärften Bedingungen gerade einen Schlips zu binden. Ich habe einen Mann an meiner Seite, der keine Herausforderungen scheut.

»Der Fernseher erholt sich schon wieder, das hat er die letzten zwanzig Jahre auch getan, und so ein Bild ohne Grün ist doch mal was anderes.«

»Hallo?! Da kriegt man vielleicht Augenkrebs, bei so einseitiger Farbbelastung?«, wirft Lisa in dieser speziellen, der Pubertät vorbehaltenen Tonlage dazwischen, die stark an meinen Nerven kratzt.

»Dann können wir heute Abend ja mal wieder was spielen, statt nur zu glotzen«, schlage ich vor.

»Ab ins Altersheim mit dir«, grinst Mona und küsst mich auf die Wange.

»›Glotzen‹ sagt man doch bestimmt schon seit den Neunzigern nicht mehr! Aber spielen finde ich gut, Singstar oder so!« Sie wirft sich ihren Rucksack über die Schulter und verschwindet Richtung Haustür.

Lisa ist nicht so leicht zu begeistern: »Aber heute Abend kommt (setzen Sie hier bitte den Namen irgendeiner enervierenden Castingshow Ihrer Wahl ein), das will ich sehen!« Sie stellt ihre Kakaotasse beiseite, zieht einen Taschenspiegel hervor und trägt eine dritte Schicht Wimperntusche auf. Sie kann kaum die Augen offen halten, was nicht nur an der frühen Tageszeit liegt.

»Kannst du ja auch, Schnucki, nur ohne Grün!«, entgegne ich.

»Ey, du raffst überhaupt nicht, was so abgeht, dich interessiert doch gar nicht, was mir wichtig ist, das ist so asi, ehrlich, nächste Woche bleibe ich bei Mama!!!«, brüllt Lisa und schlägt mit einem Krachen die Badezimmertür zu. Nur weil ich mich noch zu gut an meine Teenagerzeit erinnern kann (es fühlt sich nicht so an, als wäre es sehr lange her), bleibe ich heldenhaft ruhig und flöte: »Ich hab dich lieb, bis später, Shrek!« Dann packe ich meine Lockenwickler ein und mache mich auf den Weg zum *Haus Abendrot*.

Alle vierzehn Tage gehe ich montags ins Altersheim zu Frau Kronejung, um sie zu unterhalten und ihr die Haare aufzudrehen. Elfi Kronejung ist die Mutter einer alten Schulfreundin, leicht dement, aber ziemlich gut drauf und mein Lieblingsjob. Seit ihre Tochter Kristin vor einigen Jahren aus beruflichen Gründen nach Süddeutschland ziehen musste, kann sie Elfi im Heim nur noch selten besuchen, ist aber in der Lage, mich dafür zu bezahlen, dass ich sie ein bisschen entertaine. Meine Eltern sind relativ jung, Anfang sechzig. Da meine Omas schon sehr lange tot sind, ist Frau Kronejung für mich manchmal wie ein kleines bisschen Familienersatz.

Es handelt sich beim *Haus Abendrot* zwar um ein gehobenes Seniorenstift in äußerst schöner Umgebung mit guter Pflege und Versorgung, aber das Freizeitangebot ist eher dürftig. Daher herrscht bei den Bewohnern ziemlich oft Langeweile, was zu kontinuierlichem Abbau von Psyche und Physis oder aber auch zu großem Quatschmacherpotenzial führen kann. Elfi Kronejung duldet mich meist gut gelaunt in ihrer Nähe, weiß mich in der Regel einzuordnen, weil sie mich noch von früher als Schulfreundin von Kristin kennt, aber es kommt auch immer wieder vor, dass ich mich neu vorstellen muss, und manchmal bin ich mir nicht sicher, ob das für sie nicht schon zum Unterhaltungsprogramm gehört. Sie geht mit der Situation aber sehr souverän um, da sie sich in ihrer Wahrnehmung wieder in der Blütezeit ihres Lebens befindet, in der sie tatsächlich Personal

und einen Haufen Verehrer hatte, ein mondänes Witwenleben
führte, mit Literaturzirkel und Kunstsalons im Wohnzimmer,
bis ihr Vermögen wegen positiver Kapitalausgabe bei gleichzeitig negativen Kapitalerträgen aufgebraucht war. Sozusagen viel
Kaviar raus, wenig große Fische rein. Schlecht sieht sie auch mit
sechsundachtzig noch nicht aus, selbst wenn ich ihr die Haare
aufdrehe, und ihre Freude an Männern ist bis heute ungebro-
chen.

»Hallo, Frau Kronejung, ich bin's, Charlotte!«, begrüße ich
sie. Frau Kronejung sitzt in ihrem Flanellbademantel, unter dem
ein spitzenbesetzter Unterrock hervorlugt, in ihrem Schaukel-
stuhl und raucht.

Um den Hals trägt sie eine sehr teuer aussehende Halskette, die mir nicht bekannt vorkommt. »Charlotte? Charlotte wie?
Ich kenne Sie nicht! Aber egal, es sind wieder keine Rosen auf
meinem Nachttisch, das hatte ich doch angeordnet«, tadelt sie
milde, und wäre da nicht der handgehäkelte, grellorange Tischuntersetzer, den sie auf dem Kopf trägt, wäre sie glatt als alternde
Diva durchgegangen. Frau Kronejung hat ein Faible für Basken-
mützen, und man sieht sie selten ohne, aber in letzter Zeit ver-
greift sie sich schon mal.

»Charlotte Niesguth, Kristins Schulfreundin, stets zu Diens-
ten, Frau Kronejung!«, setze ich an und will etwas zum Thema
Rauchen in geschlossenen Räumen sagen, werde aber unterbro-
chen. »Charlotte, Charlotte, wenn Sie ein gutes Zeugnis bekommen wollen, müssen Sie sich ranhalten. Aber ein hübsches Kleid
haben Sie an.« Schalkhaft zwinkernd wackelt sie mahnend mit
dem Zeigefinger. »Kommt nicht wieder vor, Madame. Sollen wir
zum Rauchen vielleicht rausgehen, damit die Rosen nicht eingehen, wenn sie dann eintreffen?«, frage ich. »Und bevor der
Feuermelder losgeht«, ergänze ich in Gedanken, denn natürlich
herrscht hier totales Rauchverbot. Die Frage, woher sie die Ziga-
retten hat, verkneife ich mir. Frau Kronejung und ein paar ande-

re Bewohner gehen mit dem Begriff »Eigentum« sehr freigiebig um, was an sich löblich ist, aber auch dazu führt, dass immer wieder Dinge auftauchen, die definitiv nicht Frau Kronejung gehören. Anders gesagt: Sie klaut wie ein Rabe. Wie viel Absicht dahinter steckt, lässt sich nur schwer erahnen, aber manchmal lächelt sie so spitzbübisch, dass es mir schwerfällt zu glauben, sie habe Dinge aus Reflex, ohne Absicht oder einfach unbewusst eingesteckt, denn es finden sich nur Gegenstände bei ihr, die ihr gefallen oder sie zumindest interessieren. Daher sind Ausflüge in die Stadt immer eine besondere Herausforderung, weil dir nur die wenigsten Kaufhausdetektive glauben, dass deine sechsundachtzigjährige Begleitung die Kondome geklaut hat, egal wie sehr du es beteuerst. Ich nehme ihr die Zigarette aus den Fingern, es ist eine Vogue Rouge Slim, und drücke sie schnell und unauffällig in einer ihrer zahlreichen offenen Cremedöschen aus, biete ihr meinen Arm und will sie auf ihren Balkon geleiten, dessen Tür zum Glück bereits so weit aufsteht, dass bisher fast sämtlicher Qualm direkt abgezogen ist. Da geht die Zimmertür auf, und Silvana, eine der langjährigen Pflegerinnen stürmt ins Zimmer. »Ha! Hab ich's doch richtig gerochen! Frau Kronejung, das gibt's doch nicht! Hier herrscht Rauchverbot, sie fackeln uns eines Tages noch alle ab, oder noch schlimmer, die Feuerwehr kommt! Wissen Sie, was das kostet? Ganz zu schweigen von Ihrer Gesundheit ... Ach, hallo, Charlotte.«

»Hallo Silvana«, grüße ich sie und habe sofort ein schlechtes Gewissen, dabei habe ich ja gar nicht geraucht, aber Silvana hat diese bestimmte Art der Autorität, bei der man sich sofort wie ein ungezogenes Kind fühlt, das zu Recht auf die stille Treppe gehört. Dafür geht, sobald sie lächelt, die Sonne auf, und ihre Aura, die sonst eher der einer schlecht gelaunten russischen Hammerwerferin gleicht, wird milde und warm. Zum Glück lächelt sie, sobald ihr Blick auf Elfis speziellen Kopfschmuck fällt. Frau Kronejung strahlt zurück und flötet: »Silvana, ich liebe Ihren Humor, Sie müssen bei meinem nächsten Salon unbedingt etwas zum Vortrag bringen! Ich kenne da einen jungen, ledigen Literaten, der wäre bestimmt etwas für Sie!«

Silvana winkt lachend ab: »Bitte keine Verkupplungsaktionen mehr, Frau Kronejung!« Sie wendet sich an mich: »Letzte Woche wollte sie mich mit dem Lieferanten verabreden, der jede Woche die neuen Handtücher bringt, der ist höchstens zweiundzwanzig, ich weiß gar nicht, wem es peinlicher war!«

Frau Kronejung strahlt immer noch, aber ihr Blick verliert sich in weiter Ferne. Vermutlich denkt sie an Begegnungen mit jungen Lieferanten in ihren wilden Jahren.

»Weißt du, wem die Halskette gehört?«, frage ich Silvana leise und deute auf den funkelnden Hals von La Kronejung.

Silvana schüttelt den Kopf. »Ich hoffe nur, dass es nicht die von Frau von Stadler ist, die hat ihre neulich nicht gefunden. Vielleicht hat Herr Sundermann neulich bei der Bridgerunde in ihrem Zimmer die Gelegenheit beim Schopfe gepackt und sie geklaut.«

Herr Sundermann ist einer von zwei großen Verehrern Elfi Kronejungs und scheut keine Hürden, um sie zu beschenken, zur Not auch auf Kosten anderer. Er hat ihr bereits das antike Tischchen geschenkt, das eigentlich im Foyer des Altenheims stand, einen Rilke-Gedichtband, der Silvana gehörte, sowie eine großformatige goldene Gürtelschnalle, auf der mit Strasssteinchen »Bitch« geschrieben steht, die er aus der Modeschmuckboutique am Marktplatz hatte mitgehen lassen. Frau Kronejung würdigt diese Geschenke stets mit einem bezaubernden Lächeln, ohne Herrn Sundermann weiter gehende Versprechungen zu machen. Nur bei der Gürtelschnalle war sie pikiert, sie hieße schließlich Elfi und nicht »Bitch« und habe keine Lust, so offensichtlich Schmuck fremder Frauen zu tragen, was das überhaupt für ein Name sei, »Bitch«.

»Woher haben Sie die schöne Kette, Frau Kronejung?«, fragt

Silvana freundlich. Die Angesprochene macht den Eindruck, als werde sie gerade geweckt: »Welche Kette?!« Sie fasst sich irritiert an den Hals, schaut in den Spiegel und staunt unschuldig: »Das weiß ich nicht. Aber ist sie nicht schön?«

Dem Topflappen auf ihrem Kopf schenkt sie keine weitere Beachtung. Silvana zuckt mit den Schultern und wendet sich Richtung Flur. »Na, wir werden sehen«, beschließt sie und verlässt das Zimmer. Ich gehe mit Elfi auf den Balkon. Sie zaubert bereits eine neue Kippe aus ihrem flanellumrahmten Dekolleté, es ist eine Camel ohne Filter. Sie grinst wieder spitzbübisch, als sie noch mal kurz die Kette berührt. Dann sieht sie mich an. »Also, Charlotte, wann gibt es Tee? Gehen wir in den Salon?«

»Es dauert noch ein bisschen, Frau Kronejung, ich mache Ihnen aber vorher die Haare, ja? Es werden schließlich Herren anwesend sein!«

»Unbedingt, meine Liebe! Sagen Sie, haben Sie eigentlich einen Mann?«

»Ja, danke.«

»Und, taugt der was? Ist er hübsch? Macht er Ihnen Geschenke?«

Ich überlege kurz. Es ist tatsächlich schon eine Weile her, dass Marcus mir mal etwas geschenkt hat. Und einen »Bitch«-Gürtel habe ich noch nie von ihm bekommen!

»Hübsch ist er, aber Geschenke gibt's zu selten«, antworte ich. »Aber das ist schon okay.«

»Nein!«, entgegnet Frau Kronejung bestimmt. »Wir Frauen brauchen Geschenke. Schließlich sind wir selbst welche! Sagen Sie ihm das!«

»Mache ich«, verspreche ich ihr, und vielleicht tue ich es wirklich.

Vorerst aber drehe ich ihr die Haare auf, und wir plaudern über das Tagesgeschehen von 1978. Ich tausche den orangefarbenen Topflappen gegen ihre Lieblingsbaskenmütze aus, setze diese auf ihre kecken Locken, schließe den Reißverschluss ihres schönen blauen Samtkleides, hake sie unter und wappne mich gegen die liebestollen Senioren, die uns auf dem Weg in den Park umschwärmen werden. Für mich kann das alles zwischen lustig und anstrengend werden, denn ich finde bei den Herren keinerlei Beachtung. Als sich Herr Sundermann auf dem Weg zum nahe gelegenen Senioren-Stammcafé *Tante Emmas Küche* zu uns gesellt und weiter vorne, an der Tür des Cafés, bereits der rüstige Herr Burmeister im schicken Dreiteiler wartet, grinst Frau Kronejung in sich hinein. Auch Herr Burmeister lächelt breit, und von drinnen hört man Musik, lauter als sonst.

»Heute wird getanzt, Elfi«, schmettert ein Dritter, der mit einem sportlich aussehenden Rollator um die Ecke gebogen kommt.

»Ab jetzt montags Tanztee« steht auf einem handgemalten Plakat an der Glastür des Cafés. Frau Kronejungs Augen leuchten vor Vorfreude. »Aber ohne das Gerät da, Rudolf! Ich will tanzen, nicht turnen!«

Dann lässt sie mich los, hakt den unbekannten Dritten unter, der seine Gehhilfe vor dem Laden parkt, öffnet die Cafétür und ruft »Macht mal lauter, jetzt kommt Stimmung in die Hütte!«, und kreiselt, noch bevor ich sitze, über die kleine Tanzfläche. Eine Serviererin mit zwei Tellern Torte kann ihnen gerade noch so ausweichen. Kurze Zeit später schieben sich auch andere Paare über die Tanzfläche. Ich setze mich in eine Ecke, damit bloß niemand auf die Idee kommt, ich wolle auch gern tanzen.

»Charlotte, das ist Herr Hering, der möchte auch gern tanzen«, sagt Frau Kronejung ungefähr zehn Minuten später und stellt einen rotbackigen Mann Mitte siebzig vor mich hin, der mir bis zum Kinn reicht und mich schüchtern anlächelt, während er es schafft, gleichzeitig sehnsüchtig hinter Elfi her zu schauen, die schon jetzt mit Herrn Sundermann einen Foxtrott bearbeitet.

»Eine tolle Frau, Ihre Großmutter«, schwärmt er, während ich damit zu tun habe, mich nach einer kurzen Schockstarre an irgendwelche Schrittfolgen aus der Tanzschule zu erinnern. Die letzten zwanzig Jahre habe ich es mit dem Tanzen so gehalten wie mit Notfallsex: Erst wenn's nicht mehr anders geht, es keiner sieht oder alle zu betrunken sind, im Dunkeln und lieber allein. Marcus und ich haben ein gemeinsames, unausgesprochenes Tanzabkommen, das für meinen Teil ungefähr so lautet: »Okay, tanzen, gerne, irgendwie, von mir aus auch miteinander, man dreht sich halt, und im Zweifel führe ich.«

Das muss ich jetzt mit Herrn Hering alles vergessen, der zum Glück eine übersichtliche Choreografie veranschlagt. Es macht sogar richtig Laune.

»Na, ich hoffe, ich bin auch nicht ohne«, kontere ich, ohne auf das Großmutter-Ding näher einzugehen.

»Aus Ihnen könnte noch was werden«, nickt er ernsthaft, und tatsächlich fühle ich mich geschmeichelt und komme mir vor wie ein halbwüchsiger Backfisch.

»Wie wäre es mit einem Kaffee? Damit ich noch eine Weile mit Ihnen mithalten kann?«, schlage ich vor, und er nickt. Ich bestelle zwei Kännchen und denke unterdessen darüber nach, ob es einen länger jung hält, wenn man sich viel mit rüstigen alten Menschen umgibt, oder ob man dann eher zum vorzeitigen Altern neigt und früher Beige und Gesundheitsschuhe trägt als im natürlichen Lebensverlauf. Wobei im Umfeld von Elfi Kronejung niemand Beige trägt, und ihre Gesundheitsschuhe haben einen Absatz und sind knallrot mit einer glänzenden Schleife. Vielleicht tut sich ja auch noch was im Seniorenmodebereich in den nächsten Jahren. Ob ich wohl in dreißig Jahren auch noch auf schwarze Stretchjeans mit schweren Stiefeln stehe, und ob mir das dann noch stehen wird? Herr Hering kann mir auch keine Antwort darauf geben, also tanzen wir noch eine Runde, ich glaube, es ist Discofox, dann mache ich ihm einen Tanz mit

Elfi klar, und anschließend müssen wir auch schon wieder los.

Frau Kronejung wird mit Handküsschen verabschiedet, und Herr Sundermann drückt ihr etwas in die Hand, das verdächtig nach einer der filigranen Porzellansammeltassen aussieht, die hier zur Dekoration in alten Bauernschränken stehen.

Ich sage nichts, genauso wie die Grande Dame des Tanztees, die nur gnädig nickt, winkt und sich von mir nach Hause bringen lässt. »Denken Sie dran, Charlotte«, flüstert sie mir verschwörerisch zum Abschied zu, »Geschenke! Geschenke muss man auch annehmen können, das macht das Leben viel schöner!«

Dann tauscht sie ihre Baskenmütze gegen einen Tischuntersetzer aus Bast, legt eine Glen-Miller-Platte auf, setzt sich auf den Balkon, raucht eine John Player Special, die sie aus ihrer Handtasche zaubert, und blickt summend in den sonnigen Nachmittagshimmel. Da ist noch lange nichts mit Abendrot, denke ich und finde es gut, fühle mich frisch und beschenkt. Was bin ich für ein glücklicher Mensch!

noch 326 Tage

VIELLEICHT SIND'S JA DOCH NUR DIE HORMONE (3)
ODER: DAS SPIELVERDERBERISCHE AMPELMÄNNCHEN

Ich hasse mich! Jeder Teenager ist momentan gegen mich ein vernunftbegabtes, nervlich stabiles, entschlossenes Wesen. Und wer ist daran schuld? Dieses unfassbar nervende Wesen, dass da seit Kurzem in meinem Kopf wohnt. Ich vermute, es hat auf Ulrikes Party einfach den Wirt gewechselt und ernährt sich jetzt von meinem gesunden Desinteresse an meiner Zukunft. Das hat zur Folge, dass ich plötzlich zu Vorsorgeuntersuchungen gehe (»Das gibt einen Bonus bei deiner Krankenkasse«, näselt das Wesen in meinem Kopf), Sätze sage wie »Nein danke, ich trinke heute nichts« oder Informationstermine bei meiner Bank wahrnehme. Da komme ich gerade her. Der Bankberater hat mir nachdrücklich versichert, dass, wenn ich bei meiner jetzigen finanziellen Strategie bliebe, ich statt Rente noch nicht einmal einen feuchten Händedruck bekäme, und mir anderthalb Stunden die Vorteile verschiedener Versicherungsmodelle erklärt, die ich alle nicht ganz glauben kann und die ich bereits wieder vergessen hatte, als ich die Bank verließ. Das ist so ein Phänomen bei mir: Sobald es um finanzielle Vorsorge, Steuer oder Leitzins

41

geht, stellt mein Erinnerungsvermögen mit großen Augen auf Durchzug. Über lange Jahre hat mich diese Tatsache überhaupt nicht belastet, ich hatte sowieso nie Geld übrig, das ich außerhalb eines Supermarktes hätte anlegen können. Aber dieses Jahr gab es tatsächlich einige ziemlich gut bezahlte Jobs, und anstatt wie sonst sofort den nächsten Urlaub zu buchen, meldet sich wieder das Ding in meinem Großhirn. Ich nenne es »das spielverderberische Ampelmännchen«, denn es bremst immer dann, wenn es gerade Spaß machen könnte. Ich vermute, es hat ein BWL-Studium abgebrochen und wenig Sex, denn es ist furchtbar unzufrieden und denkt zu viel an Kohle. Außerdem ist es CDU-Mitglied, denn es hat sehr konservative Ansichten, die mir ziemlich fremd sind, aber die plötzlich aus meinem Mund flutschen.

»Denkt doch mal an später!«, habe ich gestern zu den Zwillingen gesagt, als sie mir zwei erstaunlich eineiige Fünfen in Französisch vorgelegt haben. »Hä? Später ist 'ne Fünf in Französisch immer noch 'ne Fünf in Französisch, woran sollen wir dann denken?«, haben sie gefragt, und ich habe keine Antwort gewusst und nur etwas gestammelt wie »Ääähhh ... ja ... Job ... Zukunft ... und so«.

»Hä? Raff ich nicht, ich will doch keine Französischlehrerin werden, du?«, wendet sich Lisa an Mona, und beide schütteln die Köpfe. Sie verstehen mich genauso wenig wie ich. Kein Wunder, das war ja auch gar nicht ich, die da gesprochen hat, sondern Ampelmann, aber wenn ich ihnen das sage, weisen sie mich ein oder, noch schlimmer, lernen von mir und schaffen sich ihre eigenen Ampelmännchen. Mit dreizehn sollte sich niemand mit solchen Wesen herumschlagen müssen, denn dafür sind wir Erwachsenen ja angeblich da. Also habe ich nur geschnaubt, und dieser Laut hat bei mir eine Art »akustisches Déjà-vu« ausgelöst: Exakt dieses Geräusch gibt mein Vater von sich, wenn er keine Argumente mehr hat und eine aus meiner Sicht hahnebüchene

42

Diskussion für beendet erklärt. Hat mein Vater auch diesen Spielverderber im Kopf, oder kriege ich gerade einen argen Genschub? Egal, ob Gene, Virus oder eine Art Dämon, von dem man plötzlich besessen ist:

Nach meinem Banktermin sitze ich im Auto, die Verkehrssituation gleicht sehr der in meinem Kopf, es geht nicht voran, nur Ampelmann monologisiert vor sich hin und redet mir die aktuelle Situation schön: Wie gut es sei, dass ich mich mal mit *wichtigen* Themen beschäftige, ich solle mich ruhig mal konzentrieren und mir *Gedanken* machen, man müsse doch mal Verantwortung für sein Leben übernehmen. Dazu gehöre natürlich eine Art Zukunftsplanung, und da ich meine Zukunft ja schon nicht mit meiner Reproduktion und vollzeitiger Kindererziehung verbringe, sollte ich doch bitte etwas anderes Bleibendes in der Gesellschaft hinterlassen! Ein Haus vielleicht oder zumindest einen guten Eindruck? Eine karitative Stiftung gründen oder in die Politik gehen?

Wie bei jedem anständigen Putsch regt sich aber auch in meinem Kopf Widerstand. Das trotzige Kind, das bisher den Großteil meiner Vernunft ausgemacht hat, sitzt mit verschränkten Armen auf der Mittelinsel des Kreisverkehrs, der mein Verstand sein soll, und mault: »Ja ja, das mache ich, wenn ich groß bin, jetzt halt die Klappe, scheiß System!«

Aber beim entrüsteten Aufspringen verzieht es das Gesicht, weil ihm nämlich der Rücken wehtut, vom langen Auf-dem-Boden-sitzen. Dadurch verliert es etwas an Glaubwürdigkeit und vor allem Coolness. Dann wird mir als Gesamteinheit Charlotte Niesguth dieses peinliche Gerangel bewusst, und ich schäme mich entsetzlich für dieses pubertäre Geschubse in meinem Kopf, gehe mir selber fürchterlich auf die Nerven und hasse mich dafür, was wiederum sehr pubertär ist.

Da einen das aber überhaupt nicht weiterbringt, tue ich etwas sehr Vernünftiges, um meinen inneren Bundestag zum Schweigen zu bringen: Ich drehe das Autoradio auf volle Lautstärke. »An Tagen wie diiiieeeeeesen wünscht man sich Uneeeeeendlichkeit ...«, grölt Campino. Aus Reflex drehe ich das Radio sofort wieder leise. Muss der Arsch auch noch in dieselbe Kerbe wie das Ampelmännchen hauen? Wie, »Unendlichkeit«? Das ist ja dasselbe wie »Vorsorge«! Was ist aus dem guten alten »für den Moment« geworden? *Live fast, die young*, das war doch mal Punkrock! Wenn ich die neuen Songs der *Toten Hosen* höre, glaube ich immer, dass Campino in Wahrheit seit Jahren vom Musikantenstadl erpresst wird und gezwungen, solcherlei Lieder aufzunehmen, um zu rechtfertigen, dass er nicht freiwillig auf *Texte wie diese* kommt ... Zwar bin ich – wohl wie die *Hosen* selbst – nicht mehr in der Opel-Gang, aber wenn Campino mir schmachtend versichert, dass er mich auf dem Weg zu einem Fußballspiel »durch die Leute trägt« und »auf mich achtgibt«, merke ich: So weit bin ich auch noch nicht. Ich kann schon noch selber laufen! Aber ich tue es nicht. Da wird mir klar, was mich wirklich am meisten nervt: meine Unfähigkeit, Prioritäten zu setzen und Entscheidungen zu treffen. Sei es, dem Ampelmännchen einen Schnaps und dem Trotzkopf ein bisschen Liebe anzubieten und somit beide vorübergehend kampfunfähig zu machen, bis ich einen Plan habe – aber ich verharre wie ein Reh im Fernlicht angsterstarrt im Kreisverkehr. Das wird über kurz oder lang dazu führen, dass ich mich zu einer krampfhaft an der Jugend festhaltenden Person entwickle, die vom schmalen Grat zwischen Punk und Peinlichkeit ständig in die eine oder andere falsche Richtung abrutscht, kurz: Ich werde zu Nina Hagen, Courtney Love oder einer Personifizierung von RTL2.

Meine Mutter ruft an, erzählt, dass es meinem Vater und den Schafen gut gehe, fragt, ob bei uns auch alles gut sei und ob ich endlich einen richtigen Job habe. Ich lüge ein bisschen, was meine Befindlichkeit angeht, weil ich keine Lust auf Diskussionen habe (denn meine Mutter führt alle Missstände auf das

Fehlen von Schafen oder einem richtigen Job zurück!), täusche ein Funkloch vor und drücke sie weg. Es muss etwas passieren.

Sofort! Oder morgen! Aber bald! Was auch immer! Ich drehe das Radio wieder lauter, es läuft irgendein Hip-Hopper, der ständig seinen eigenen Namen wiederholen muss, wahrscheinlich weil er zum Zeitpunkt der Aufnahme so bekifft war, dass er ihn sonst vergessen hätte. Den kann ich aus tiefstem Herzen ohne Abstriche oder nostalgische Anwandlungen richtig scheiße finden, und manchmal hilft es einem ja schon weiter, wenn man weiß, was man nicht will.

noch 321 Tage

ICH KAUFE EINE AXT

Ob es an Ampelmann liegt? Ich fange langsam an, Dinge zu planen, viel weiter im Voraus als früher. Ich gucke in den Kalender und merke schon mehr als eine Woche vorher, dass wir bald in den Urlaub fahren. Ich stelle fest, dass auch im privaten Bereich eine gewisse Übersicht und Planung von Vorteil sein kann, denn zum einen muss man dann nicht alle Vorbereitungen in vierundzwanzig Stunden erledigen, dabei die Hälfte vergessen und trotzdem unfassbar gestresst sein, zum anderen währt die Vorfreude viel länger.

Schon jetzt fühlen sich Teile meines Körpers an, als hätten sie bereits zwei Wochen Camping hinter sich, denn irgendeine Mückenart ist im langen Winter anscheinend mutiert und hat übel zugeschlagen. Es juckt bestialisch an unterschiedlichsten Stellen, aber das Anti-Juck-Gel ist schon eingepackt, natürlich ganz unten, weil man ja nicht mit vorzeitigem Kratzbedürfnis rechnet. Ich habe aber gar keine Zeit, mich zu kratzen, denn ich will ja Urlaubsvorbereitungen treffen, das heißt in den Baumarkt, was fürs Grobe holen, was man eben so braucht im täglichen Camping-Abenteurerleben: eine Spülschüssel, eine Wäscheleine, eine Axt.

In der Axtabteilung gibt es zahlreiche Exemplare zur Auswahl. Immer wenn ich Äxte sehe, muss ich an Patrick Salmen denken. Er ist nicht nur einer dieser Poetry-Slammer, die lustige Geschichten auf Bühnen vortragen, sondern auch der Grund, warum die Zwillinge ihre Vorurteile gegenüber bärtigen Männern fallengelassen haben. Lisa hat mir mit leuchtenden Augen einen Youtube-Clip gezeigt, in dem Herr Salmen eine Geschichte vorlas, in der er Sätze vorschlug, die man einfach mal öfter in Gespräche einflechten sollte, um diesen etwas mehr Würze zu verleihen. Mein Lieblingssatz war »Ich habe eine Axt!«. Das ist seitdem bei uns zu Hause eine Standardfloskel geworden, wenn jemandem etwas nicht passt.

»Mona, räum doch bitte die Spülmaschine aus!«

»Ich habe eine Axt!«

»Lisa, bist du mit Hausaufgaben fertig?«

»Ich habe eine Axt!«

»Hatschi, kann ich mir deine gute Nagelfeile leihen?«

»Ich habe eine Axt!«

Bei dem Gedanken daran muss ich lachen, also stehe ich nun in der Axtabteilung des Baumarktes und wiege die einzelnen Exponate nacheinander kichernd in der Hand, was den Teenager neben mir zu einem fragenden Seitenblick veranlasst. Ich nicke ihm beruhigend lächelnd zu, woraufhin er sich ein paar Schritte von mir wegbewegt. Dann mache ich ein paar Probeschläge, natürlich nur in der Luft. Zumindest *wollte* ich nur ein bisschen durch die Luft wedeln, um zu gucken, wie das Beil so in der Hand liegt, aber das große Stück ist doch ganz schön schwer und gerät ein bisschen aus der Flugbahn und auch aus meiner Hand und landet im gegenüberliegenden Hammer- und Sägenregal. Es gibt ein ganz schönes Geschepper. Der Teenager quiekt und läuft in den Nachbargang, nicht ohne zu brüllen: »Alter, die geht Amok!«

47

»Memme«, denke ich mir. Aber klar ist, ich brauche etwas Kleineres. Kurz darauf stelle ich Folgendes fest: Wenn man dem von einem weinenden Teenager herbeigerufenen Mitarbeiter erklärt, dass man eine handliche Axt benötigt, dabei in einem unordentlichen Haufen aus Sägeblättern und Hämmern steht, gleichzeitig ein Achthundert-Gramm-Beil schwingt und gereizt die juckenden Mückenstiche an Armen und Beinen blutig kratzt, dann wird man zwar durchaus mit einer Art von ängstlichem Respekt behandelt (was einem als Frau nicht sehr oft im Baumarkt passiert!), aber wirklich geholfen wird einem nicht.

»Muss es denn unbedingt eine Axt sein, schöne Frau?«, versucht sich der Mitarbeiter mit zitternder Stimme in Deeskalation, obwohl ich ja eigentlich gar nicht auf Krawall aus bin, nur die scheiß Mückenstiche nerven.

Ich muss zugeben, die Entwicklung gefällt mir. Eben jener Mitarbeiter hat mir vor zwei Wochen trotz mehrmaligen Nachfragens großkotzig das falsche Rücklaufventil für unsere Waschmaschine verkauft, mit den Worten: »Glauben Sie mir mal ruhig, schöne Frau, ich bin hier der Fachmann, und lassen Sie das zu Hause mal Ihren Mann machen, da macht man sich nur die Fingernägel schmutzig!« Dabei hat er so widerlich gezwinkert, dass ich, anstatt ihm mit meinen bereits schmutzigen Fingernägeln meine Initialen in die Stirn zu kratzen, fluchtartig den Laden verlassen musste, um nicht in den Gang zu brechen.

Jetzt aber steht er da, zwinkert nicht, sondern hat die Augen ziemlich weit offen und lächelt mich etwas angestrengt an. »Ja, was glauben Sie denn? Soll ich im Campingurlaub mein Brennholz mit einer Dekotischdecke spalten?«, herrsche ich ihn an und schlackere zur Unterstützung ein bisschen mit der Axt, woraufhin der Mitarbeiter und die umstehenden Schaulustigen mit einem erschreckten Einatmen zurückweichen. Doch als die Tatsache ihr Hirn erreicht, dass ich »Brennholz« und nicht »Mitmenschen« gesagt habe, entspannen sich alle wieder.

»Ganz schön amateurhaft aufgehängt, Ihr Sortiment hier«, sage ich kritisch. »Lassen Sie das doch mal einen Fachmann machen, das ist ja gefährlich! Ich nehme übrigens die hier, damit ist man sehr beweglich!« Dann lasse ich die Axt ein paar Mal locker aus dem Handgelenk kreiseln, so als schwänge ich ein Lasso, und gehe in Richtung Kasse. Die Menge vor mir teilt sich wie das rote Meer vor Moses. Als ich den Mitarbeiter passiere, mache ich einmal laut »BUH!«, woraufhin er ohnmächtig in sich zusammensackt.

Die Frau an der Kasse fragt forsch mit einem Blick auf meinen Einkauf: »Na, noch was vor heute?«, woraufhin ich lapidar antworte: »Na ja, in der Nachbarschaft muss mal aufgeräumt werden.«

Sie grinst, ich grinse, winke noch einmal mit der Axt und gehe zu meinem Fahrrad. Ein Anschaffungsvorgang ganz nach meinem Geschmack, auch wenn die knallbunte Spülschüssel auf meinem Kopf mir wahrscheinlich etwas an Autorität nimmt. Allerdings fügt sie den gewissen Schuss Extravaganz hinzu, Frau Kronejung wäre stolz auf mich. Auch der anschließende Aldi-Einkauf verläuft recht entspannt, und als ich die Axt neben die Kasse lege, um mein Portemonnaie zu suchen, brauche ich den Einkauf noch nicht mal zu bezahlen.

Ich muss dringend mal eine Mail an diesen Patrick Salmen schicken. Er liegt völlig falsch: Wenn man eine Axt hat, muss man noch nicht mal ein Gespräch führen.

noch 312 Tage

URLAUBSZEIT – SCHÖNSTE ZEIT (1)
ODER: »HALLO? KÖNNEN WIR MAL CHILLEN?!«

Das Schicksal und die Sommerferienplanung der deutschen Bundesländer haben ein Einsehen mit meiner geistig labilen Jammerphase und lassen die Ferien dieses Jahr zum richtigen Zeitpunkt beginnen. Wenn man mit dreizehnjährigen Zwillingen in den Urlaub fährt, erscheint es plötzlich sehr attraktiv, alt und vernünftig zu sein, denn das Gegenteil hampelt einem ständig vor den Augen rum und zerkaut den Rest des ohnehin schon mürbe gewordenen Geduldsfadens. Vorteil: Endlich sind es andere, die mir tierisch auf die Nerven gehen, und nicht mehr ich selbst.

1. Tag
Es ist so weit: Urlaub. Die Aussicht auf Sonne, Strand und Meer rückt in unmittelbare Nähe. Wir sind auf dem Weg. Wir, das sind Marcus, Mona, Lisa, ich, der VW-Bus, ungefähr zwei Tonnen Campinggepäck, das größtenteils aus Nudeln und Dosentomaten besteht, denn auf Korsika ist ja alles so teuer, sowie ein Schlauchboot mit Motor. Die Ferien verbringen die Mädchen

immer zur Hälfte mit uns, was eigentlich sehr schön ist. Denn anders als an den ohnehin schon vollgestopften Wochenenden haben wir hier die Möglichkeit, Zeit miteinander zu genießen, ohne ständig etwas erledigen oder unternehmen zu müssen. Ich freue mich wirklich, doch schon nach hundertzwanzig gefahrenen Kilometern fällt mir auf, dass etwas gravierend anders ist als all die Jahre zuvor: Es herrscht Pubertät hoch zwei.

Die Hauptgeräuschkulisse im Auto besteht aus kreischigem »Mann, lass das!«, unkontrollierten Lachanfällen und schlechter Musik. Es bildet sich nur dann eine Einheit auf der Rücksitzbank, wenn einer von uns vorne etwas vorschlägt, verbietet oder sonstwie kommentiert. Alle Sätze in unsere Richtung beginnen mit »HALLO?!«, gefolgt von einer als Frage intonierten Aussage, die unsere Intelligenz stark in Frage stellt, wie »Hallo?! Wir machen hier vielleicht gar nichts?!«, während die eine die andere mit dem Handyladekabel würgt, welche sich wiederum mit dem Werfen von Tomatenresten zu verteidigen sucht. In den raren Momenten, in denen nicht gekreischt wird, herrscht missgelauntes Schweigen, und die Damen tragen ein Gesicht vor sich her, als entführten wir sie in ein von Nonnen betreutes Internat in der Antarktis, was mir spontan als eine gar nicht so üble Ferienalternative erscheint.

Nach fünfhundert Kilometern ist mir wieder klar, warum ich nie eigene Kinder haben wollte: um solche Situationen zu vermeiden. Ich überlege, was die bessere Maßnahme ist: Ohrstöpsel für mich oder Knebel für die Wesen auf der Rückbank? Nach siebenhundert Kilometern habe ich vollstes Verständnis für alle bösen Stiefmütter der Märchenwelt. Wahrscheinlich waren Schneewittchen, Hänsel und Gretel auch in der Pubertät. Ich hege nun ebenfalls den dringenden Wunsch, die beiden schnellstmöglich loszuwerden. Haben meine Eltern sich auch ständig solche Gedanken gemacht? Oder gilt bei eigenem Fleisch und Blut eine Art ewiger Welpenschutz? Wie haben die das bloß ausgehalten? Stimmt, wir sind kaum in den Urlaub gefahren, meine Eltern haben meist behauptet, arbeiten zu müssen. Jetzt weiß ich endlich warum und verzeihe ihnen aus tiefstem Herzen. Die erste Gelegenheit, um uns der Kreischlinge zu entledigen, bietet sich auf der Fähre: Wir fahren über Nacht von Genua nach Bastia. Wir schlafen an Deck, ich sage den Mädels, dass sie sich möglichst dicht an die Reling legen sollen. Leider ist die See sehr ruhig.

2. *Tag*

Wir sind angekommen auf der Insel der Schönheit, die ab jetzt ihren Namen zu Unrecht tragen wird. Einer Eingebung folgend stimmen Marcus und ich darin überein, dass ein Actionprogramm eine Win-win-Situation darstellt: Entweder die Kinder haben Spaß und sind anschließend kaputt, oder sie haben keinen Spaß, gehen dabei aber kaputt. Oder verloren. Oder werden zumindest wieder angemessen demütig!!! Wir starten an der südlichen Ostküste und beginnen mit Reiten, über Stock, Stein und Sandstrand. Die Frage nach etwas aufgeweckteren Pferden für die Kinder versteht der einhändige Korse nicht, dem die Ranch gehört. »Ils sont tous comme automatiques«, erklärt er mir. »Sie sind alle wie automatisch, für die blöden Touristen.« Allerdings raunt er mir verschwörerisch zu, dass mein Pferd »Little Rocket« heiße, und guckt dabei vielsagend auf seine fehlende Hand. Tatsächlich bin letzten Endes ich die Einzige, die vom Pferd fällt, was aber weniger an der ausgebrannten Rakete liegt, auf der ich sitze, als an dem wohl gut gemeinten Kommentar unseres Rangers: »Guckt mal, da direkt neben uns auf dem Stein, die Schlange, schön, nicht wahr?«

Weil ich nicht weiß, was »Schlangenphobie« auf Französisch heißt, versuche ich, dem Ranger mein entsetztes Quieken als »typisch deutsche Reaktion auf zu viel Information« zu verkaufen. Er schaut mich so lange ausdruckslos an, bis ich eine Grippe in mir aufsteigen spüre. Zu viel Stress! Ich atme tief die gesunde

52

Meeresluft ein und aktiviere später meine Selbstheilungskräfte mittels einer großen Portion Rotwein. Die Kinder sind ganz gut gelaunt, kreischen aber immer noch, nur jetzt in fröhlich. Wir müssen sie müder machen!

3. Tag

Es müssen härtere Geschütze aufgefahren werden. Canyoning. Für alle Unerfahrenen: Nein, das ist nicht das mit dem Kanu. Canyoning ist Flussabwärtswandern mit Helm. Und zwar durch den Fluss. Mit Springen und Rutschen, überall da runter, wo der Fluss auch runtermuss. Wir nehmen die leichte Tour für Kinder ab acht, damit auch Marcus und ich eine Überlebenschance haben. Als Erstes verpassen wir den Treffpunkt und kommen zwanzig Minuten zu spät. Die restliche Truppe, alles Franzosen, ist leicht genervt, und wir sind die »dummen Deutschen«, was zumindest unter uns vieren ein Zusammengehörigkeitsgefühl erzeugt. Nach einer schweißtreibenden Bergaufstrecke im dicken Neoprenanzug mit Helm steigen wir in den eiskalten Gebirgsfluss, was ich mir mit positiven Effekten fürs Bindegewebe schönzureden versuche. Unser Vorturner erklärt gestenreich etwas auf Französisch, denn auf Deutsch kann er nur die Worte »Achtung, gefährlich« und »Streichholzschächtelchen«. Ersteres kommt während der nächsten drei Stunden wesentlich häufiger zur Anwendung. Ich habe mich zur Teilnahme an dieser Tour nur unter der Voraussetzung bereit erklärt, dass es an allen Hindernissen, die es herunterzuspringen gilt, auch eine alternative Kletterroute geben muss. Unser Guide bestätigt mir lächelnd, dass dem auch so sei, außer hier, an der ersten Station, da müsse man springen, was aber kein Problem sei, denn ich finge ja an. Bevor ich protestiere und die muffeligen Restfranzosen in ihrem Urteil über die »doofen Deutschen« bestätige, nicke ich zu meiner eigenen Überraschung und springe, ohne nachzudenken. Ja, wieder einmal habe ich den Ruf unserer Nation gerettet, aber was habe ich geschrien dabei! Und was war das kalt! Ich konnte wahrlich spüren, wie sich meine Haut um Jahre verjüngte. Ich werde knackig wie ein Teenager aus dem Wasser steigen! Von dem Adrenalin zehre ich noch die nächsten drei Tage! Und so rutschen, hüpfen, klettern und schwimmen wir auf dem Bauch, Rücken, Kopf voran, in allen erdenklichen Formationen die traumhafte Flusslandschaft hinab und das in deutsch-französischer und innerfamiliärer Freundschaft und Begeisterung. Vor lauter Glückshormonen vergessen die Zwillinge zu nerven, und wir vergessen, genervt zu sein. Wir feiern unsere Heldentaten zu viert mit Stolz und Rieseneisbechern in trauter Eintracht, die genau so lange währt, bis mir die Frage »Wer ist dran mit Spülen?« entfleucht. Die automatische Reaktion der Zwillinge lautet: »Hallo?! Wir haben vielleicht Ferien?«, und mein Konter »Hallo?! Wir vielleicht auch?« verhallt im schier grenzenlosen Hohlraum des Teenagerdesinteresses. Ich weiß nicht genau, ob es die Haltung oder der Tonfall ist, der mich sofort auf hundertachtzig bringt, oder vielleicht auch die Tatsache, dass ich mich seit Jahren für alles verantwortlich fühle, obwohl mich niemand darum gebeten hat und es doch Marcus' Kinder sind. Der liegt gemütlich in der untergehenden Sonne am Strand und lässt sämtliche Hallos für den Rest des Tages an sich abprallen. »Warum regst du dich da nicht so drüber auf?«, frage ich ihn ehrlich interessiert.

»Ich konnte bereits an dir lernen«, gibt er lässig zurück, »das gibt sich schon wieder mit diesen Launen. Da muss man durch, denn zuhören tut mir in dem Moment eh keiner.« Hmpf.

Die nächsten Tage
Wir fahren herum, gucken uns Berge, Täler, Städtchen, Bäche und unterschiedliche Strände an, bauen Zelte auf und wieder ab, fahren woanders hin und machen alles wieder von vorne. Es bleibt verhältnismäßig friedlich, wenn auch jeder Tag mit

einem »Hallo?! Können wir vielleicht mal chillen?!« beginnt und zwar egal zu welcher Uhrzeit. Eines Abends lernen wir auf einem Campingplatz José kennen. José ist mindestens so motorenverrückt wie Marcus, und schon bald führen die beiden sich gegenseitig lautstark ihr Hab und Gut vor und fachsimpeln wie zwei kleine Kinder beim Tausch von Paninibildchen. Marcus sollte eigentlich kochen, aber statt so zwanghaft zu sein wie sonst, lege ich nicht die Nudeln in den Topf, sondern mich in der untergehenden Sonne an den Strand und lasse sämtliche Motorengeräusche an mir abprallen. Mein Mantra »Ich habe eine Axt, ich habe eine Axt« vermischt sich mit der beruhigenden Brandung. Da muss man einfach durch, und zuhören tut einem jetzt eh keiner. Ja, auch ich lerne. Ehrlich gesagt habe ich heute erst kapiert, dass ich in Wirklichkeit furchtbar neidisch auf die pubertierende Jugend bin: Denen ist es scheißegal, ob irgendwo Sachen herumliegen, ob sie ihre Stimmungen im Sekundentakt wechseln und damit ihre Umgebung zur Weißglut bringen. Sie versuchen nur, sich das zu nehmen, was sie brauchen, und genau das schaffe ich nicht, obwohl ich Urlaub habe. Sie sind vielleicht Diven, haben aber deutlich mehr Spaß als ich. Das sollte ich ändern. Nehme mir vor, ab jetzt endlich wieder cool zu sein.

Ende der ersten Woche
Endlich wird das Boot ausgepackt, und für die nächsten Tage mutiert Marcus zum Schlauchbootkapitän und Herrscher der Bucht. Kein Fisch, der nicht erfolgreich vor seiner Angel Reißaus nimmt, kein Schwimmer, der nicht wild kraulend aus seiner Bugwelle flieht, keine Yacht, die nicht ausgiebig abgekanzelt wird. Wir fahren so viel Wasserski, dass fremde Kinder glauben, wir gehörten zu einer besonderen Spezies mit sehr langen Füßen. Stimmt aber nicht. Aber vielleicht reagiert die Evolution ja sehr schnell: Dann würde der Nachwuchs der Zwillinge mit extrem breiten Ärschen zur Welt kommen, mit denen man sich zwischen zwei Bäume

hängen kann, oder die nächste Generation entwickelt abnehmbare Ohren für Erziehungsberechtigte. Wobei: Heute war ein sehr schöner Tag. Die Zwillinge sind des Kreischens müde. Durch einen glücklichen Zufall haben sie im Chaos ihrer wild zusammengestopften Urlaubsausrüstung die Ladekabel ihrer iPods gefunden und betäuben sich mit Musik. Es herrscht himmlische Ruhe, gelobt seien vernünftig isolierte Kopfhörer!

Zweite Woche
Wir bekommen Verstärkung durch eine bald freundschaftlich verbundene Familie, die uns für anderthalb Wochen Gesellschaft leistet. Sie erfreuen uns in mehreren Bereichen: andere Gesprächseröffnungen als »HALLO?!«, und sie haben zwei männliche Kinder dabei, die teilweise nicht minder anstrengend sind, aber zu viert neutralisiert sich die Brut gegenseitig etwas. Das erwachsene Männchen aus jener Familie ist ebenfalls stolzer Kapitän, allerdings von einer kleinen Einmann-Segeljolle. Die Männer tauschen jetzt also Erfahrungen und Fachwissen aus, führen sich gegenseitig ihre Sportgeräte vor, probieren aus, sind begeistert. Ich auch, denn wir sind jetzt schon so viel Boot und Wasserski gefahren, dass ich sehr gut eine mehrtägige Landpause vertragen kann. Da Marcus aber noch lange nicht genug hat, kann man ihn mit dem anderen Seemann kurzschließen, und ich habe meine eigene, nicht schwankende Komfortzone am warmen Sandstrand.

Auch die Kinder haben sich aus Angst vor zu viel Action mit Kopfhörern in ihren Hängematten verbarrikadiert und sehen aus wie überlebensgroße verpuppte Monsterraupen. Bin gespannt, was da rausschlüpft. Habe Hoffnung.

Dritte Woche
Doch noch einmal Action. Wir besteigen einen Berg, übernachten oben drauf und wandern wieder herunter. Leichter gesagt, als

getan. Mona hat sich nämlich nicht in einen lebensbejahenden Teenieschmetterling verwandelt, sondern in eine muffelige Motte, die jede Aktion bei Tagesanbruch verweigert und uns mit Flüchen und Schmähungen bewirft, als wir zum Abstieg blasen. Jedoch weist ihr emotionales Gedächtnis die Flatterhaftigkeit eines Schmetterlings auf, sodass es zu Satzkombinationen kommt wie »Ich hasse euch, ich *kann* jetzt noch nicht laufen, diese Scheißberge, oh wie toll, ein Bach, kommt, wir gehen schwimmen, Mensch, ist das schön hier!« Sie planscht daraufhin fröhlich in den eiskalten Fluten, während wir einmal mehr eine kurzfristige Heimunterbringung erwägen. Lisa fragt, ob sie dann beide Zimmer für sich allein haben könne, und unterstützt daraufhin unser Gedankenspiel nachdrücklich.

Später
Wir beschließen den Urlaub mit drei Tagen Wildcamping mitten in der Pampa an einer traumhaften Bucht. Trotz Mückeninvasion, dicken Yachten, die tagsüber das Panorama mit ihren Jetskis versauen, fettem Gewitter und Zum-Kacken-mit-Schippe-in-den-Wald-gehen gibt es keinerlei Beschwerden, und alle sind glücklich. Es sind gefühlte vierzig Grad, aber die Zwillinge strahlen und sind an Liebenswürdigkeit nicht zu überbieten. Ich bekomme selbst gemachte Perlenketten geschenkt und philosophiere mit Mona und Lisa über das schöne Leben. »Was geht es uns gut«, schwärmt Lisa beseelt, als die Sonne über dem nun wieder einsamen Meer versinkt. Sie greift nach ihrer Schwester und dem Geschirrhandtuch, beide gehen ungefragt spülen. Ich habe keine Ahnung, warum sie das tun, vielleicht sind es die Hormone, frage aber auch nicht nach, sondern genieße es einfach.

Ende
Bei einem letzten gemeinsamen Milchshake in der Heimat kommen alle überein, dass es doch ein recht netter Urlaub war. »Vor

allem wegen der vielen Action«, begeistert sich Mona. »Da hat man ja viel mehr zu erzählen, als wenn man nur so in der Hängematte abchillt!«

»Ja echt«, stimmt Lisa zu. Marcus und ich tauschen einen kurzen Blick, mit dem wir uns vergewissern, dass wir hier nicht die Bekloppten sind. Wir liefern die Zwillinge prächtig gelaunt an ihrer Erstadresse ab, fahren los, halten nach der ersten Ecke kurz an, geben uns ein High five, vollziehen einen kurzen Freudentanz und gehen in die nächste Kneipe Bier trinken. Denn jetzt, so wissen wir, fängt unser Urlaub an, auch wenn er nur noch vierundzwanzig Stunden dauert.

noch 312 Tage

WAHRE SCHÖNHEIT KOMMT VON IRGENDWO

»Hatschi, komm mit, es ist denen auch scheißegal, wie du aussiehst!«, zwitschert meine Freundin Josie ins Telefon, und ich weiß nicht genau, ob ich beleidigt oder erfreut sein soll. Josie heißt eigentlich Josefine, ist Mitte dreißig, Hausfrau und Mutter. Trotz abgeschlossenen Jurastudiums bessert sie ihre Haushaltskasse durch Modeljobs oder lukrative Werbespotaufnahmen auf, denn Josie ist so ziemlich die schönste Frau, die ich persönlich kenne. Sie ist groß und trotz zweier Kinder auf natürliche, nicht auf abgehungerte »Ich-muss-meine-Figur-wiederbekommen«-Weise schlank. Sie hat eine Haut, bei der man selbst mit Lupe keine einzige Pore findet. Ihr Lächeln bringt Bauarbeiter dazu, Gedichte zu rezitieren, und rüpelnde Betrunkene werden bei ihrem Anblick friedlich und lallen süße Komplimente. Dazu ist sie auch noch schlau und witzig, kurz: Wären wir fünfzehn, würde ich sie abgrundtief hassen und mich neben ihr fühlen wie Daisy Duck mit Lepra. Zum Glück sind wir erwachsen, und sie ist meine Freundin, denn ich beneide sie nicht um ihr Leben (sie hat einen fürchterlich langweiligen Mann, und das Leben hat

59

mich gelehrt, dass es immer einen Ausgleich gibt: Vermutlich schleppt sie außer ihm auch noch ein dunkles Geheimnis mit sich herum), und Daisy Duck ist immer noch besser als Hello Kitty.

»Die zahlen super und brauchen noch welche, die so durchs Bild laufen, komm schon, ich habe gesagt, ich hätte da noch jemanden, und Catering gibt's auch!«

Weil mir gerade ein großer Brötchenschmierauftrag für eine Firmenkonferenz abgesagt worden ist, kann mein Portemonnaie durchaus noch eine kleine Aufmunterung gebrauchen. »Wie lange dauert es, und wo ist das genau?«, frage ich nicht mehr ganz so zögernd. »Das ist ja das Praktische: Es ist direkt bei mir um die Ecke in der Südstadt, die drehen am Rhein, ein Werbeclip für ... ich glaube irgendeine Creme oder so. Easy Sache, sagt meine Agentur, dauert höchstens drei Stunden!«

»Okay, ich komme morgen früh um neun bei dir vorbei!«

»Super, dann muss ich da nicht so alleine zwischen diesen Fuzzis rumhängen!«, freut sich Josie. Wow! Bezahlt werden fürs Rumhängen, Einmal-durchs-Bild-laufen und dabei noch scheißegal-wie aussehen, das klingt nach einem perfekten Job für mich. Hoffentlich ist es eine Creme, die ohne Tierversuche entstanden ist, damit ich mir anschließend guten Gewissens noch ein Dreierpack politisch total unkorrekter T-Shirts in einer dieser Billigketten kaufen kann. Ich bemühe mich schon, meine sozialökonomische Bilanz irgendwie im Rahmen zu halten, Yin und Yang und so, aber diese T-Shirts sind einfach bequem, simpel und gut aussehend, und länger als einen Campingurlaub halten T-Shirts bei mir sowieso nie, keine Ahnung warum.

Als Josie und ich am nächsten Vormittag am Filmset ankommen, das aus einer ganzen Pavillonarmada besteht, wuseln viele wichtige Leute mit Headsets, Funkgeräten und allerlei technischem Equipment herum und verbreiten solch eine Hektik, dass ein gepflegtes Rumhängen völlig unmöglich erscheint. Ich notiere einen ersten Minuspunkt auf meiner inneren Traumjob-skala. Immerhin scheint die Sonne, der Rhein glitzert, und der kleine Spazierweg am Ufer, an dem auch unser Pavillon steht, ist so abgesperrt, dass nicht ständig militante Inlineskater oder Einheiten nordic walkender Hausfrauenkampftruppen das Panorama zerstören. Ich habe noch nicht gefrühstückt und scanne mit dem Blick eines Profis die Szenerie nach dem Cateringtisch ab.

An einer Längsseite des zweiten Pavillons steht ein Biertisch, auf dem mehrere Tabletts mit Brötchen stehen. Solide geschmiert, lieblos dekoriert, erkenne ich schnell, die Billigvariante mit Frischkäse und Paprikapulver, noch nicht einmal echter Schnittlauch – aber essbar. Josie und ich schnappen uns jeweils einen Kaffee und ein Brötchen und machen uns auf die Suche nach einer Person, die hier einen Überblick hat oder zumindest weiß, wo die Milch für den Kaffee steht.

Kaum setzen wir uns in Bewegung, kommt uns auch schon eine junge Frau mit einem dieser Kopfhörer entgegen, in die man auch hineinsprechen kann. Sie steuert direkt auf uns zu, mit unerschrockenem Blick und einem Klemmbrett in der Hand.

»Sie sind bestimmt Frau Heckenrath?«, strahlt sie Josie an. Sie muss den Kopf in den Nacken legen, denn sie ist noch kleiner als ich.

Josie nickt und lächelt ein Josie-Lächeln, woraufhin zwei mit Gaffa-Tape bewaffnete Männer in schwarzen Westen neben uns leise seufzen, einer lässt sein Taschenmesser fallen.

»Das ist die Kollegin, von der ich sprach, Frau Niesguth«, stellt Josie mich vor, auch ich nicke und lächle, was keinerlei Wirkung zeigt.

»Schön, dass Sie da sind. Die anderen warten schon drüben, kommen Sie bitte mit!«

Ohne eine Reaktion abzuwarten, stürmt sie davon und wir hinterher. In einem dritten Pavillon hundert Meter weiter befindet sich offensichtlich der Platz zum Rumhängen, denn hier

61

lümmeln sich bereits ungefähr fünfzehn Menschen im Alter von acht bis fünfunddreißig, niemand scheint älter als ich zu sein. Hier sehe ich auch erstmals bunte Aufsteller, die auf das zu bewerbende Produkt hinweisen. Doch ein genauerer Blick verrät mir: Es handelt sich leider um keine tierfreundliche Creme, denn es handelt sich mitnichten um eine Creme. »Grannystar – freie Blase, freie Fahrt!«, lautet der ermunternde Slogan. Ganz kurz habe ich noch die Hoffnung, dass es sich um Kaugummi oder Fruchtsaft handeln möge, doch dieser Übersprungsgedanke löst sich mit der Ankunft des Regisseurs in Luft auf.

»Hallo und schönen guten Morgen! Ich hoffe, niemand von euch ist inkontinent, denn wir haben hier nur ein Dixiklo. Haha, kleiner Scherz! Obwohl, wir haben hier wirklich nur ein Klo. Nun ja. Mein Name ist Dirk Schlösser, ich bin der Regisseur dieses kleinen Pinkelplots, und ich glaube, das wird ganz schön!« Ich hänge noch an dem Wort »Pinkelplot« und überlege, ob ich jemals die Begriffe »inkontinent« und »schön« in einem positiven Sinnzusammenhang gehört habe, da nimmt Dirk schon wieder Fahrt auf. »Das Produkt richtet sich in erster Linie an Senioren und Seniorinnen, die trotz Blasenschwäche mobil sein und am alltäglichen Leben teilnehmen möchten. Der Plot sieht folgendermaßen aus: Eine Frau sitzt einsam auf der Bank hier vorne und beobachtet eine altersgemischte Gruppe auf Inlineskates, die den Weg entlanggefahren kommt. Sie blickt ihnen sehnsuchtsvoll nach und spürt dann aber ein dringendes Bedürfnis, ihr versteht schon. Daraufhin muss sie schnell die Bank verlassen. Dann Schnitt, nächste Einstellung: Die Frau von der Bank spaziert einsam über den Weg, die Inlinertruppe kommt ihr entgegen, umzingelt sie, es kommt zu einem fröhlichen Gemenge, in dem ihr ein Paar Inlineskates angeboten wird. Sie lehnt bedauernd ab, ein rüstiger Senior aus der Inlinergruppe bietet ihr Grannystar an und nickt ihr vertrauensvoll zu. Dann Schnitt, nächste Einstellung: Die Frau von der Bank fährt mit der Gruppe mit, und alle freuen sich. Wir enden mit einer Totalen, Ende. Verstanden so weit?«

Ich nicke, verkneife mir ein »Revolutionär!«, mustere unauffällig die Runde der zukünftigen »Pinkelplotstatisten« und versuche herauszufinden, wer denn hier die ältere Dame respektive den rüstigen Senioren geben könnte. Auch bei erneuter Sichtung kommt es mir vor, als wäre ich hier die Älteste oder zumindest die am ältesten aussehende Person. Ich soll doch wohl nicht etwa eine Seniorin mit Inkontinenzproblemen spielen?!

»Was ist dagegen einzuwenden?«, herrscht mich das Ampelmännchen in meinem Kopf an. »Das ist ein Schicksal, das dir in gar nicht allzu ferner Zukunft auch blühen könnte! Sollte das Problem dieser Menschen weiterhin tabuisiert werden? Überleg mal: Du könntest mit diesem Spot diesen Menschen eine Lobby geben, ihren Bedürfnissen eine Stimme verleihen. Außerdem wird die Hauptrolle bestimmt gut bezahlt!« Manchmal hat Ampelmann gar nicht so schlechte Ansichten. Klar, es wird hämische Kommentare geben, aber hey, ist das nicht auch eine hervorragende Gelegenheit, Spöttern mal den Spiegel vorzuhalten und an den bornierten Fassaden zu kratzen? Eine Möglichkeit, Menschen vom Rande der Gesellschaft wieder in ihre Mitte zu nehmen? Und ich könnte ein Teil dieses wunderbaren Prozesses sein! Dank Grannystar werden wir alle eine lebensfrohe Gemeinschaft sein! Ich bin ziemlich gerührt von mir selbst, und auch Dirk, dem Regisseur, scheint es wichtig, sein Vorhaben etwas zu emotionalisieren. Ein Hauch von Hollywood kann halt nie schaden. Also räuspert er sich und setzt zu einer kleinen Rede an: »Ich weiß, es handelt sich hier um ein Produkt, das vielen peinlich ist und das vom Großteil der Menschen dieses Landes belächelt wird. Aber bitte, lasst uns nicht aus den Augen verlieren, dass dieses Schicksal auch irgendwann jeden von uns hier in diesem kleinen Pavillon treffen könnte! Immer noch ist das Thema mit Scham besetzt, aber wir, Leute, wir haben die Chance, mit diesem Spot vielen Menschen eine Lobby zu geben, ihren Bedürfnissen eine Stimme zu verleihen! Wir können diesen Leuten helfen, vom Rande der Gesellschaft wieder in ihre Mitte zurückzufinden, wäre das nicht wunderbar? Wäre das nicht ... ein kleines Wunder? Und ihr habt das drauf, da bin ich mir sehr sicher. Denn ihr seid etwas Besonderes!«

Während ich mich frage, ob Herr Schlösser denselben Rhetorikkurs besucht hat wie mein Ampelmännchen und Kevin Costner, spüre ich, wie ich aufstehe, und höre mich rufen: »Ja, ich mach's! Ich nehme die Herausforderung an!«

Alle schauen mich verwundert an.

»Was genau machst du?«, erkundigt sich der Regisseur irritiert, aus dem Augenwinkel sehe ich, wie Josie sich vor Lachen an ihrem Kaffee verschluckt.

»Na, die rüstige Seniorin mit Blasenproblem. Ich mach's! Ich kann zwar nicht inlineskaten, aber scheiß drauf, dann holen wir direkt noch eine Randgruppe mit ins Boot, nämlich die Inkontinenten, die noch nicht einmal Rollschuh fahren können!« Triumphierend schaue ich in die Runde.

Dirk winkt ab: »Das geht nicht, du bist zu alt!«

Wahrscheinlich habe ich noch etwas Hollywoodglitter in meinen Ohren, aber ich habe tatsächlich verstanden, ich sei zu alt, um eine Seniorin zu spielen. Also frage ich noch einmal nach. »Wie bitte?! Ich bin neununddreißig!«, empöre ich mich.

»Sag ich ja, zu alt. Nette Idee, Schätzchen, aber das ist ja Fernsehen hier, da müssen wir gewisse Standards einhalten.«

»Was für Standards?!«, erkundige ich mich schnippisch.

»Attraktivität, Identifikationsmöglichkeit, keine Falten.«

»Wo ist denn die Identifikationsmöglichkeit für Senioren, wenn die Protagonisten völlig faltenlos sind?«, frage ich verwirrt.

»Es geht doch um Ideale, wir verkaufen hier Träume!«, versucht Dirk, an das Hollywood-Ding von eben anzuknüpfen, aber für mich hat er jeglichen Zauber verloren.

»Und wer soll dann bitte hier die Seniorin spielen?« Er deutet auf eine Frau, die ich auf höchstens Anfang dreißig schätze. »Geh doch schon einmal in die Maske, Liebes, wir graden dich altersmäßig ein bisschen up, graue Perücke und so!«

»Was?! Ihr schminkt eine Dreißigjährige auf Mitte vierzig, und das soll Sechzigjährige ansprechen?!«

»So läuft's«, entgegnet der Roman Polanski des Werbefernsehens, und ich bin geschockt.

In diesem Moment betritt ein sehr attraktiver Mann um die fünfzig den Pavillon und lächelt ein Josie-Lächeln, sodass ein kollektives Seufzen durch die weiblichen Reihen geht. Der Regisseur wirft sich in Hab-Acht-Stellung und begrüßt den Neuankömmling mit einer Tonne Ehrfurcht in der Stimme: »Wie schön, dass du da bist, Gideon!« Er wendet sich an uns: »Das ist Gideon Hofmeister, er spielt unseren Senioren, das wird ganz toll. Gideon hat auch schon für Haftcreme und Venensalbe gemodelt, bringt da also große Erfahrung und nicht zuletzt auch eine nicht zu unterschätzende Fangemeinde mit sich, oder, Gideon, du alter Charmeur?«

Er knufft ihn kumpelig in die Rippen, Gideon winkt bescheiden lächelnd ab: »Ich tue nur meine Arbeit.«

»Aber er hat Falten!«, rufe ich, und alle, auch die Frauen, gucken mich strafend an.

»Das ist egal!«, zischt Dirk. »Bei Männern werden Falten als Zeichen für Charakter und Lebenserfahrung angesehen, das ist wissenschaftlich erwiesen. Männer können Falten haben, so viel sie wollen, Hauptsache, sie haben volles Haar!«

»Am besten mit grauen Schläfen«, ergänzt Gideon leutselig, »und wenn ich ganz ehrlich bin: Die färbe ich mir.«

Alle Anwesenden sind von so viel Ehrlichkeit sehr berührt und schmachten Gideon an. Nun, verkaufen kann er sich wirklich. Trotzdem, in so einem verlogenen Spiel kann ich nicht mitmachen.

»Und was hattest du dann für uns vorgesehen?«, frage ich eingeschnappt und deute auf meine Freundin und mich. So wunderschön Josie auch ist, ganz faltenfrei ist sie mit fünfunddreißig nämlich auch nicht mehr.

»Ihr macht einfach ein bisschen Hintergrundcrowd. Du, Josie, du kannst durchaus noch in der Inlinergruppe mitfahren.«

Ich weiß nicht, ob Josie geschmeichelt oder nur Profi genug ist, sie nickt jedenfalls, und gerade als ich zu einer moralischen Brandrede ansetzen will, drückt mir die kleine Assistentin einen Vertrag in die Hand, der ein Honorar enthält, für das ich in anderen Jobs vier Tage hätte arbeiten müssen.

»Schmerzensgeld für das Gewissen«, raunt Gideon Hofmeister mir zu, der plötzlich neben mir steht. »Glauben Sie mir, ich wäre auch lieber James Bond!«

Ich nicke schicksalsergeben. Man muss Prioritäten setzen, wenn schon nicht für die Moral, dann eben für den Geldbeutel. Und auch unscharf kann man was für Randgruppen tun. Vielleicht kann ich wenigstens noch eine große Probierpackung für Frau Kronejung und ihre Gang abstauben, denn wie überall im Leben muss man mitnehmen, was geht.

noch 243 Tage

URSACHE – WIRKUNG

»*Jancee Pornick Casino* spielen heute Abend ein Geheimkonzert, mit *The Monroes* als Vorband, ist das nicht cool? Und ich stehe plus eins auf der Gästeliste! Zieh dich an, wir treffen uns um acht!« Andrea wartet meine Antwort nicht ab und legt auf, ich kann förmlich sehen, wie sie bei voll aufgedrehter Musik vor ihrem Kleiderschrank hin und her hüpft. Sie ist Single, kinderlos, Anfang dreißig, arbeitet in einer Konzertagentur und ist meine liebste Ausgehfreundin, weil sie statt über Kinder und Familie über Bands und Affären spricht. Das erinnert mich in dem Maße an früher, dass ich mich schon beim Zuhören jung fühle. Aber spätestens nach dem dritten Backstage-Drama bin ich froh, mich nicht mehr mit divenhaften Rockgitarristen herumschlagen zu müssen, die seit zehn Jahren glauben, ganz kurz vorm Durchbruch zur Stadionband zu stehen, sich aber bereits benehmen wie Lady Gaga auf Koks. Aber Andrea kommt ständig umsonst auf tolle Konzerte, und manchmal darf ich mit. *The Jancee Pornick Casino* UND *The Monroes*, das ist echt cool. Aber ich kann nicht mit.

Ich liege auf dem Sofa, mein Kopf dröhnt, ich bin schrecklich

67

müde, vielleicht steigt mal wieder eine Erkältung auf. Oft ist es nämlich so: Wenn ich von irgendwas die Nase voll habe, kriege ich Schnupfen. Und andersherum auch. Noch vor kurzer Zeit hätte mich das niemals von einem schweißtreibenden Konzertabend abgehalten, aber ehrlich gesagt: Heute fehlt mir der Ehrgeiz. Ich schaffe es noch nicht einmal, mich aufzuraffen und den Fernseher auszustellen, dabei ist mir Fernsehen eigentlich auch schon viel zu anstrengend. Als ich mir diese Tatsache bewusst eingestehe, erfasst mich eine latente Depression, die meinen Zustand nicht wirklich verbessert. Ich bleibe liegen, nicht weil ich will, sondern weil ich gerade nicht anders kann! Ich bin Opfer meiner körperlichen Konstitution! Ohne vorher getrunken zu haben! Ich liege auf dem Sofa, weil ich mich krank fühle oder ... Moment! Eine mögliche Erklärung schwappt durch meine wabberige Hirnsuppe: Fühle ich mich vielleicht nur krank, weil ich tagsüber auf dem Sofa liege? Vielleicht ist das spielverderberische Ampelmännchen gerade mal wieder auf heimtückischste Weise am Werk, und ich interpretiere mein schlechtes Gewissen als Erkältungskopfschmerz? Zumindest habe ich jetzt ein schlechtes Gewissen, könnte also durchaus sein, aber was war noch mal zuerst da? Kopfschmerz und Sofa oder schlechtes Gewissen? Ehe ich mich versehe, bin ich in einer neuen Fragenspirale gefangen, wie es mir seit Kurzem immer wieder passiert. Heute spielen wir anscheinend »Ursache oder Wirkung?«. Vielleicht habe ich doch Fieber, aber plötzlich fallen mir so viele unklare Beispiele für das Ursache-Wirkung-Spiel ein: Ist der Typ in der Bank, mit dem ich über mein Dispo diskutiere, so ein Arschloch, weil er bei der Bank arbeitet, oder ist Arschloch-sein die Grundbedingung, um dort überhaupt eingestellt zu werden? Und was ist das eigentlich schon wieder für ein Krach nebenan? Schreien sich unsere Nachbarn immer so an, weil sie schwerhörig sind, oder sind sie erst durch das Schreien schwerhörig geworden?

Marcus und ich haben ein Ritual. Na ja, sagen wir: Ich habe ein Ritual, und Marcus lässt es über sich ergehen.

Mein Freund ist morgens nicht gerade das, was man einen »Springinsfeld« nennt, wenn der Wecker klingelt. Im Gegenteil, der Wecker muss ihn mehrmals rufen, und dann springt er nicht ins Feld, sondern kriecht ins Bad.

Weil ich von dem Weckergeklingele aber schon längst wach bin, obwohl ich länger schlafen könnte, bin ich manchmal hämisch. Wenn dann mein Liebster aus dem Bad kommt, halb bekleidet, weil der Kleiderschrank woanders steht, nuschelt er mir ein »Tschüss« zu, woraufhin ich sage: »Hose an!« Ich sage das, weil er zwar in jeder Verfassung in der Lage ist, Auto zu fahren, aber manchmal morgens noch nicht weiß, wie er heißt.

Meist sagt er dann leicht gereizt: »Als ob ich schon mal ohne Hose aus dem Haus gegangen wäre!«, woraufhin ich sage: »Jaha, weil *ich* dich immer daran erinnere!«

Jetzt wissen wir nicht genau, wer von uns beiden der eigentliche Checker ist. Was war zuerst?

Bei dem Versuch, mich aus der privaten Schleife herauszuwinden, schwappe ich wieder ins Globale.

Hat Bayern München so viele gute Spieler, weil der Verein so reich ist oder ist der Verein so reich, weil er so gute Spieler hat?

Oder diese It-Girls! Was war zuerst da: das Geld oder das It-Girl, das noch nie in seinem Leben gearbeitet hat und genau dafür Geld bekommt?

Wer erfüllt wessen Bedürfnisse, gab es erst Asis oder Asifernsehen, Tussis oder Sonnenbänke, billige Konsumgüter oder Kinderarbeit, doofe Kinder oder schlimme Sozialpädagogen, Religion oder Terror, Schokolade oder Vanille, Facebook oder Menschen, die ihr Mittagessen fotografieren, korpulente, willige Frauen über vierzig oder grinsende Strandschmuckverkäufer, junge, hübsche Mädchen ohne Selbstachtung oder *Germany's next Topmodel*, das Verlangen einer großen Masse nach billiger Kinderdisco-Musik oder (fügen Sie bitte an dieser Stelle irgendeine Band ein, die auf dem jeweiligen hippen Radiosender Ihrer Region rauf und runter gedudelt wird)? Das existenzielle Bedürfnis nach Frieden und Freiheit oder eine als Demokratie getarnte Diktatur?

Ich weiß es nicht. Und immer wenn ich versuche, die Sache von oben, mit Distanz zu betrachten, merke ich, dass ich älter und meine Augen schlechter werden, sodass alles verschwimmt und noch unschärfer wird.

Ich weiß nicht, was zuerst da war und wie sehr sich die Dinge gegenseitig am Leben erhalten. Fest steht, dass das eine selten ohne das andere auftaucht. Fest steht aber auch, dass man sich immer für oder gegen etwas entscheiden kann und in dem ganzen Kreislauf nicht mitschwimmen muss.

Marcus macht jetzt morgens zuerst den Umweg am Kleiderschrank vorbei und sagt mir mit Hose Tschüss, um seine Eigenständigkeit zu beweisen – Eigenständigkeit, das ist es! Ich konzentriere mich, sammle alle meine Kräfte, stehe auf, mache den Fernseher aus, der mich wahrscheinlich unterbewusst erst auf dieses dämliche Gedankenkarussell gebracht hat (Danke, Nachmittagsprogramm!), und greife zu meinem Handy. Ich rufe Andrea an, um ihr zu sagen, dass plus eins sich auf den Weg macht und dass sie mir bitte einen Hocker mit Lehne freihalten soll, tanzen würde ich heute wohl nicht. Aber aufstehen, das schaffe ich wie in alten Zeiten. Ätsch, Grippe (oder Ampelmännchen, je nachdem). Selbst wenn ich morgen wirklich krank bin, hat es sich heute wenigstens gelohnt, oder es hat zumindest einen triftigen Grund. Hoffe ich.

noch 242 Tage

SEIN ODER NICHTSEIN, DAS IST HIER NICHT DIE FRAGE

Das Konzert gestern war ein Teilerfolg. *The Jancee Pornick Casino* mussten leider absagen, weil jemand in die Bassbalalaika des Bassisten gefallen war, *The Monroes* waren so großartig, dass ich doch tanzte und mir dabei den Fuß verknackst habe, dafür hatte sich Andreas Euphorie merklich abgekühlt. Sie hatte keine neuen Geschichten aus der spektakulären Welt der Möchtegernrockstars zu bieten. Nahezu gelangweilt saß sie auf dem für mich geordneten Hocker, wippte zwar zwischenzeitlich mit den Füßen, doch wirkte insgesamt unzufrieden.

»Was ist los?«, habe ich sie gefragt. »Ärger mit deinen Rock-'n'-Roll-Diven?«

»Ach, ich bin genervt. *No future, no justice* haben vor einer Stunde eine Tour abgesagt, weil die Sängerin ein Medizinstudium anfängt, und da müsse sie sich jetzt voll und ganz drauf konzentrieren. Das hat total viel Zeit und Mühe gekostet, die Tour zu buchen! Die blöden Penner! Jetzt hab ich vielleicht bald no future, und gerecht ist das auch nicht! Lass uns über etwas anderes sprechen, ich brauche mal etwas Reelles. Sag mal, hast du

71

noch dieses Steuererklärungsprogramm für den Computer? Ich will das unbedingt mal selbst machen, meine Steuererklärung, das muss doch total befriedigend sein!«

Ich habe sanft, aber nachdrücklich den Kopf geschüttelt und bin vielleicht sogar nur deswegen tanzen gegangen, denn ich hatte mich nicht vom Sofa erhoben, um über den Befriedigungsgrad von Steuererklärungen zu diskutieren.

Ich bin heute zwar noch müder als gestern, aber einsatzfähig, denn Nase und Kopf verhalten sich kooperativ, und heute muss ich nicht tanzen, sondern nur sitzen. Vorher allerdings gilt es, die halbstündige Straßenbahnfahrt zu überstehen. Es ist sehr voll und ich quetsche mich in den Gang neben einen Einzelsitz, auf dem ein junger Mann Anfang zwanzig sitzt. Aus seinen Kopfhörern quillt ein nervtötendes Technogewitter ohne Bässe. Er sieht mich an, springt auf und brüllt: »Hier, setzen Sie sich ruhig!«

»Danke!«, brülle ich zurück. Er hebt den Daumen, grinst und stellt sich im Takt seiner Scheißmusik nickend ein paar Meter weiter ins Gedränge. Anscheinend verdirbt schlechte Musik doch nicht zwangsläufig den Charakter. Wie super! Sitzen in der vollen Bahn! Wo doch mein Fuß immer noch schmerzt! Wie nett von dem Kerl.

Da fällt mir ein, dass dieser gar nicht wissen kann, dass mein Fuß wehtut, da ich ganz normale Chucks trage und nichts auf meine temporäre Gehschwäche hindeutet. Mein Gott, wie alt und gebrechlich muss ich aussehen, dass der Technojunge es für nötig befunden hat, mir einen Sitzplatz anzubieten?! Ich spüre einen Schwall der Empörung aufsteigen und den Impuls, aufzuspringen und ihn zu beschimpfen, aber dafür müsste ich meinen Sitzplatz hergeben, und das will ich nicht. Ich muss mir unbedingt merken, dass Älterwerden durchaus auch Vorteile hat. Ich hasse es, in der Bahn zu stehen, wenn ich müde und fußlahm bin.

Ich halte kurz beim *Haus Abendrot* an, sage Frau Kronejung Guten Tag und bringe Silvana endlich die Probierpackung Grannystar vorbei, die ich neulich beim Dreh abstauben konnte. Sie Frau Kronejung zu überreichen, käme mir respektlos vor. Ich würde jedenfalls jeden, der mir ungefragt so ein Präsent überreicht, ungespitzt in den Boden stampfen. Aus Elfis Zimmer ertönt laute klassische Musik, die Ouvertüre aus »Carmen«, bei der ich immer noch an eine meiner Lieblingskinderserien *Die Bären sind los* denken muss. Da sie mein Klopfen sowieso nicht hören wird, öffne ich die Tür. Elfi Kronejung steht auf ihrem Bett, mit dem Gesicht zur Wand, eine zum Glück unangezündete Zigarette in der einen Hand und dirigiert im wehenden Flanellbademantel ein unsichtbares Orchester. Das ist also die Generation vor Luftgitarre, denke ich und rufe: »Tag, Frau Kronejung!«

Sie dreht sich zu mir um, selig lächelnd, und kraxelt von ihrem Bett herunter. Sie wirkt agiler als ich heute Morgen. »Die Musiiik ...«, schwärmt sie, »die Musik macht mich immer so glücklich! Ich werde diese Woche in die Oper gehen. Der Intendant hält immer eine Loge für mich frei, er kommt ja auch immer zu meinem Jour fixe. Sind eigentlich die Einladungen für diese Woche schon verschickt, Charlotte?«

Ah, ein klassischer Zwischentag: Der Opernintendant, den sie meint, ist schon seit ungefähr einem Jahrzehnt tot. Sie wird ziemlich sicher diese Woche nicht in die Oper gehen, kann mich aber zuordnen.

»Alles erledigt, Madame«, antworte ich zackig und salutiere, weil es sie zum Lachen bringt und es keinen Sinn macht, ihr zu erklären, dass es diese Woche auch keinen Jour fixe geben wird. Elfi ist glücklich und wird sich in zwei Stunden an nichts erinnern, warum also diskutieren?

Sie lacht tatsächlich, schlägt mir spielerisch ein Zierkissen über den Kopf und gebietet: »Dann machen Sie heute frei, Charlotte! Gehen Sie aus, genießen Sie die Kunst! Sehen Sie sich ein

Theaterstück an! Ohne Kunst geht der Mensch zugrunde!« Sie dreht sich um, öffnet die Balkontür, steckt sich ihre Zigarette an, inhaliert tief und summt die »Habanera« mit.

Ich gehe, lächelnd und ein wenig neidisch.

Tatsächlich droht mir heute noch Kunst:

Seit vielen Jahren helfe ich bei Neubesetzungen in einer Jugendtheaterproduktion aus. Der Chef, ein ebenso penibler wie temperamentvoller Halbitaliener namens Francesco, engagiert mich für jedes neue Team oder Projekt, weil ich rücksichtsloser im Aussortieren sei, wie er sagt. Ursprünglich war ich nur für die Brötchenversorgung während der Vorsprechtermine engagiert, dann habe ich Francesco mal, als er einen Arm in Gips hatte, seine Notizen geschrieben, die er als Gedächtnisstütze zu den einzelnen Kandidaten anfertigt. Dabei stellte sich heraus, dass Francesco gerade bei weiblichen Vorsprecherinnen dazu tendierte, sich von eventuell vorhandener Attraktivität ablenken und deren schauspielerische Fähigkeiten außer Acht zu lassen, was er im Nachhinein oft zutiefst bereute. Er brauchte also eine Beisitzerin, die gegen Brüste immun war. Außerdem kann ich im Gegensatz zu ihm Kaffee kochen, trinken, das, was ich dabei verschüttet habe, aufwischen und gleichzeitig zwanzigjährigen Möchtegernstars beim Herunterleiern ihrer vorbereiteten Monologe zuhören.

Es ist wieder so weit. Es geht um eine Neubesetzung für ein Kinderstück zum Thema »Ernährung und Bewegung«, und ich kann es kaum erwarten, Wetten abzuschließen, wie viele Möhren in Turnschuhen dazu auflaufen werden. Doch wie so oft kommt es anders, als ich denke.

»Ja, also ... ich hatte das Skript gelesen, und mir war nicht ganz klar, ob ich die Rolle der Rosalie in ihrer ganzen emotionalen Tiefe eher klassisch-introvertiert oder mehr so die Richtung expressionistisch anlegen soll, wie siehst du sie denn so?«

Die blasse Künstlerin im schwarzen Rollkragenpullover sieht Francesco, den offiziellen Vorsitzenden dieses Bewerbungsverfahrens, nach ihrem Vorsprechen interessiert an. Dieser blickt einige Sekunden ausdruckslos zurück und antwortet: »Rosalie ist zehn und fährt gern Fahrrad.«

Dann schüttelt er den Kopf und hält ihr die Tür auf. »Danke, da war schon viel Schönes bei. Wir melden uns!« Fünf Minuten und drei koffeinfreie Espressi später steht schon die nächste Jungmimin vor der Tür, und Francesco gibt alles plus Plan B.

»Das musst du wirklich wollen, da musst du authentisch sein, die nehmen dich sonst auseinander! Kinder sind nämlich das kritischste Publikum überhaupt. Aber glaube mir: Der Lohn dafür ist unbezahlbar. Wenn dann die Geschichte am Ende aufgeht und hunderte Kinderaugen strahlen. Und du ...«, er reckt den Zeigefinger in die Luft, mein Zeichen. Da solche Gespräche nie einfach sind, setzen wir mittlerweile alle Methoden ein, um die verkopften pseudointellektuellen »Ich-mach-was-mit-Kunst«-People zu erden. Ich drücke also unauffällig die Wiedergabe-Taste am CD-Player, gefühlvolle Streicher setzen ein, um die emotionale Botschaft zu unter- na ja, -»streichen«. »... du hast die Möglichkeit, mit Theater die Welt ein kleines bisschen besser zu machen, die Herzen der Kinder zu erreichen. Erinnerst du dich noch an das erste Schultheaterstück, das du gesehen hast?«

Die Blonde nickt großäugig: »Ja, das war *Der Zauberer von Oz*, danach wollte ich unbedingt Schauspielerin werden. Und habe nur noch rote Schuhe getragen, wie Dorothy. Du hast recht, das hat wirklich mein Leben verändert, hihihi! Auf der Schauspielschule haben mir viele meiner Dozenten gesagt, dass ich präpastiniert bin für unschuldige Jungmädchen-Rollen ...«

Tatsächlich werden ihre blassen Wangen an dieser Stelle von einem schamhaften Rosé überzogen, sodass ich mich gerade noch zurückhalten kann, spontan zu applaudieren. Francesco schnappt schon nach dem ausgeworfenen Angelhaken und

75

zwinkert ihr – noch väterlich – zu: »Und dann hast du wahrscheinlich auch genaue Vorstellungen, wie das Leben einer Schauspielerin auf Tournee so aussieht, schätze ich? Was so zu deinen Aufgaben gehört?«

»Natürlich«, haucht die etwas unterernährt wirkende Blondine, die da anscheinend tatsächlich sehr eindeutige Vorstellungen hat, schließlich ist sie zum Casting eines Kindertheaterstücks in einem tief dekolletierten Minikleid gekommen, um für die Rolle eines zehnjährigen Mädchens vorzusprechen. »Ich bin auf alles eingestellt!« Sie rutscht auf die Stuhlkante und lehnt sich so weit nach vorn, dass sie das Kleid auch gleich hätte ausziehen können. Francesco japst ein bisschen, ich muss helfend eingreifen, also drücke ich energisch auf Stopp, Schluss mit Geigen, Zeit für Realität.

»Gut und schön. Kannst du einen Transporter fahren? Hast du schon mal einen Koffer voller Starkstromkabel getragen? Hast du schon mal einen Scheinwerfer aufgehängt? Bist du sonst irgendwie technisch begabt, also im elektrischen Sinne, meine ich?«

Sie sieht mich an, als sei ich eine Nacktschnecke in ihrem Bett.

»Wie bitte? Nein! Ich bin schließlich Schauspielerin!«, rümpft sie die Nase. »Tja, und dies ist ein Tourneetheater«, sage ich. Francesco ist aus seiner Trance erwacht und reicht ihr ihre Jacke. »Zieh dir was an, Mädchen, du holst dir doch wer weiß was.« Ich ergänze: »Und ja, wir suchen Schauspielerinnen, aber die müssen mehr können, als nicht vorhandene Brüste zu zeigen. Ihr müsst auf Tour alles selber machen, einladen, ausladen, Technik und so weiter. Du spielst in Turnhallen oder Schulaulen. Da sitzt nur ganz selten ein Broadwayproduzent im Publikum. Du suchst etwas anderes, und wir brauchen was anderes. Viel Glück. Tschüss.«

Ich schiebe die Möchtegern-Monroe humpelnd zur Tür hinaus, Francesco rauft sich die Haare. »Ich weiß nicht, wie lange ich so was noch machen kann. Die gehen mir so auf den Geist! Was meinen die eigentlich, wer sie sind, nur weil die mal auf einer privaten Schauspielschule waren? Die konnte ja noch nicht einmal einen Stecker in eine Steckdose stecken!« Er hält sich die Stirn. »Ich kann es nicht mehr hören, dieses ›Ich hab da ein Lied vorbereitet, die Seeräuber-Jenny aus der *Dreigroschenoper*‹! Oder immer irgendwelche hochdramatischen Frauenrollen zum Vorsprechen, all diese Ophelias und Lady Macbeths! Warum machen die nicht einfach mal was Lustiges? Was Schönes? Ich meine, wir casten doch hier nicht für ... irgendwas von Elfriede Jelinek! Da muss man doch mal angemessen bleiben! Eine Beerdigung ist doch auch kein Stabhochsprung!«

Diese Art von Ausbruch ist nicht neu, und ich muss Francesco zustimmen, auch wenn ich Castingshows eigentlich verabscheue und es hasse, auf dem »Bohlen für Arme«-Platz zu sitzen und ansehen zu müssen, wer alles völlig ohne Grund glaubt, die Welt hätte auf sein (nicht vorhandenes) Talent gewartet. Aber es ist ungefähr so, als würde auf einem Kindergeburtstag bei der Frage, wer die Torte anschneidet, ein anwesendes Elternteil aufspringen und rufen »Ich mache das, lassen Sie mich durch, ich bin Chirurg!« und dann die Torte so verhunzen, als wäre eine Horde Wasserbüffel über das Büffet getrieben worden. Bei einigen Menschen (die gerne in der künstlerischen Szene zu finden sind) liegen zwischen Selbst- und Fremdwahrnehmung halt mehrere Lichtjahre.

Aber Jammern füllt die Bühne nicht, also koche ich Francesco einen Tee, schlage vor, dass wir das mit den Streichern im nächsten Gespräch lassen, und hole die nächste Anwärterin herein.

Eine mittelhübsche Brünette ist Nummer sieben und hat mir schon ihr halbes Leben erzählt, bevor ich die Tür wieder zugemacht habe.

»Und dann habe ich lange im Kindergarten gearbeitet, ach,

das sieht ja nett aus hier, habt ihr vielleicht einen Tee, gerne grün mit Jasmin oder so? Ah, merci. Das heißt, ich bin da auch pädagogisch vorgebildet, ich hab auch mit den Kleinen Frühfördertheaterworkshops gemacht, Improvisation mit Dreijährigen, das fördert die Kreativität und die sind ja so süüüüß, die Kleinen, und deshalb ist es auch mein allergrößter Traum, für Kinder zu spielen, denn dann kann ich da ja auch beides verbinden, meine pädagogischen Fähigkeiten und meine Liebe zu Kindern, und natürlich die Liebe zum Theater, ich habe ja auch schon viel Theater gespielt, ich habe übrigens zwei Monologe vorbereitet, einmal die Iphigenie und die der zerstörten Frau aus *Abgelegt und Aufgehängt*. Und als musikalisches Stück habe ich die Seeräuber-Jenny aus der *Dreigroschenoper*. Aber dazu später.«

Sie hat jetzt schon genug Wörter für zwanzig Minuten in nur zwanzig Sekunden verbraucht, unsere Gehörgänge klingeln.

»Bitte nicht!«, flüstert Francesco kraftlos, aber natürlich überhört sie es. »Wo war ich? Ach ja, meine Liebe zum Theater. Theater ist einfach so ein wahnsinnig kraftvolles Medium, das gerade auch in seiner Unmittelbarkeit für Kinder ja so eine unglaubliche Erfahrung darstellt, und ich stelle mir das auch sehr aufregend vor, auf Tournee zu sein, diese Romantik der Straße, des Unterwegsseins, *la strada* – da spürt man sich ja auch noch mal ganz anders, und dann so jeden Tag eine andere Bühne, andere Schwingungen, andere Menschen ...«

Es ist meine Aufgabe, ihr Einhalt zu gebieten, denn ich sehe, Francescos Geist hat bereits seinen Körper verlassen: »Richtig, immer andere Menschen: schlecht gelaunte Hausmeister, die dir sagen: ›Wenn Sie nicht hier wären, hätte ich heute frei!‹ oder ›Mir hat keiner Bescheid gesagt, Sie dürfen aber nicht mit Straßenschuhen in die Turnhalle‹ oder ›Was weiß ich, wo hier der Starkstromanschluss ist, ich bin *Hausmeister*, nicht Elektriker!‹ Dann sind statt der versprochenen sechs Aufbauhelfer nur ein schmalbrüstiger Fünftklässler da und die Kunstreferendarin, die aber gerade eine Sehnenscheidenentzündung hat. Dann kommst du in diese Turnhalle, und es stinkt nach Käsefüßen auf Linoleum, es ist erst acht Uhr morgens, du bist schon seit zwei Stunden unterwegs, es gibt keinen Kaffee, und hinterher kommt immer mindestens ein Deutschlehrer, der dir erzählt, was er alles ›nicht so gut‹ fand. Das sind schon alles sehr spannende Erfahrungen. Ich hoffe, du hast gute Nerven?«

Ja, ich habe mich ziemlich gut in die Materie eingearbeitet, man könnte mir glatt abnehmen, ich wäre seit Jahren mit dem Kindertheater auf Tour. Allerdings habe ich mich nur an meine Schulzeit zurückerinnert (was den Geruch und den fehlenden Kaffee betrifft) und die Erfahrungen eines befreundeten Referendars verarbeitet.

Die Brünette starrt mich mit weit aufgerissenen Augen an. »Ääääähhhhhm – also ich weiß jetzt nicht, ob du mich irgendwie angreifen willst oder ob du an sich irgendwie so ein bisschen sarkastisch bist – ich bin mir echt nicht sicher, ob ich mit deiner Aura klarkomme«, schnappt sie.

»Ich hab halt keinen Frühförderworkshop mitgemacht«, schnappe ich zurück.

Francesco ist wieder da, rauft sich die Haare, und wir verabschieden uns auch von dieser Kandidatin. Selbst mein Kopf fängt zu schmerzen an. Ich stecke mir eine Zigarette an und muss an Frau Kronejung denken. Nein, in einigen Fällen geht der Mensch nicht *ohne* Kunst, sondern *an* der Kunst zugrunde, denke ich.

»Manchmal weiß ich nicht, ob du nicht ein bisschen zu deutlich bist.« Francesco sieht mich nachdenklich an.

»Entschuldigung, aber die kam mit so viel Liiiiebe zu Kindern, ich dachte, die wollte sich direkt hier eins zeugen lassen, und das konnten meine Aura und ich nicht verantworten.«

»Aber wie sollen wir denn eine Frau finden, wenn du sie immer direkt verscheuchst mit so viel Realität?«

»Willst du lieber, dass eine zusagt, nach den ersten zwei Auftritten kündigt und wir in ein paar Wochen wieder hier sitzen?«

»Nein. Also los, wer ist die Letzte für heute?«

»Maryella heißt sie. Maryella mit y.«

»Na dann«, seufzt Francesco, und da klingelt es auch schon.

Maryella mit y sieht aus wie Anke Engelke in hässlich. Sie lächelt mich an, und den Farbton ihrer Zähne urinfarben zu nennen, wäre schmeichelhaft. Ich zucke etwas zusammen, aber jemanden wegen schlechter Zähne direkt wieder wegzuschicken, bringe selbst ich nicht. Wir inszenieren ja nicht *Karius und Baktus*. Als sie die Jacke auszieht, verrutscht ihr Oberteil ein wenig, sie hat ein umgedrehtes Pentagramm unter dem Schlüsselbein tätowiert. Immerhin ist sie erfrischend einsilbig, was ihre Selbstauskunft betrifft.

»Deine Bewerbung klang ganz interessant, du sagst, du hast vorher schon mal mit Kindern gearbeitet?« Francesco lächelt sie aufmunternd an.

»Ja«, nickt Maryella mit einer Stimme, die so tief knarzt wie eine wacklige Kellertreppe auf den untersten Stufen. Dann herrscht für einige Dekaden Stille, zumindest im Vergleich zu der Kandidatin davor.

»Und das hat dir Spaß gemacht?«, nimmt Francesco einen erneuten Anlauf.

»Ja«, knurrt Maryella und versinkt wieder in Schweigen.

Francesco blickt hilfesuchend zu mir herüber.

»Gut«, übernehme ich und versuche, sie aus der Reserve zu locken: »Du magst oder machst Musik? Was hörst du denn so?«

»Black Metal.« Ihre Augen leuchten kurz, aber unheilvoll auf.

»Wie erfrischend!«, jauchze ich, um ein paar Hochtöne ins Spiel zu bringen. »Nun denn, ich könnte noch ewig weiterplaudern, aber kommen wir zum formellen Teil. Ich habe mir angeguckt, was du an sonstigen Referenzen im Bereich Theater oder Film angegeben hast, hier steht *Schloss des Horrors* (Gruselfilm),

Deep in your brain (Horror), *Das Blutzeugnis* (Psychothriller) oder *Der Kuss des Vampirs* (Erotikhorror). Ich hoffe, ... äh, ich nehme an, das waren nicht die Jobs, bei denen du mit Kindern gearbeitet hast?«

Sie lächelt ungut und setzt zur längsten Rede ihres Aufenthaltes an, ihre Stimme klingt tatsächlich nach dem letzten Halt vor Kehlkopfkrebs: »Die Horrorbranche ist wie eine Familie. Da kann man so sein, wie man wirklich ist. Neulich zum Beispiel, da haben zwei Leute für einen Dreh einen ganzen Folterkeller gebaut, totaaaal schön, die ganzen Foltergeräte, mit so viel Liebe gestaltet, das war echt der Wahnsinn! Das macht einfach total viel Spaß, mit dem ganzen Blut und das Rumgematsche mit Gedärmen und Innereien, und wenn man einfach mal so aus sich herausgehen kann mit so 'ner Axt ...« – »Danke, reicht«, quietscht Francesco.

»Nun, wir casten hier für ein Kindertheater, siehst du da vielleicht irgendwelche Diskrepanzen?«, frage ich vorsichtig.

»Wieso? Glaubst du, ich will die ausweiden oder was? Mann, ich hab jahrelang Ballontiere geknotet und Kinderschminken auf Geburtstagen gemacht. Kinder sind doch auch verrückt, eigentlich kommen wir gut miteinander klar.«

Vielleicht hat sie recht, denke ich, als wir uns von ihr verabschiedet haben. Trotzdem überlegt Francesco, ob man das Stück nicht doch noch umschreiben und die Hauptrolle anders besetzen könnte, am liebsten mit einer Pflanze.

Ich bin sehr froh, dass ich diese Art »Ich bin jung und brauche das Geld«-Phase, die diese Frauen gerade durchlaufen, nie durchmachen musste und komische Klamotten nur zu meinem eigenen Vergnügen anziehen kann. Oder ausziehen, je nachdem.

*noch 183 Tage –
Halbzeit!!!*

SEX, BRAUSE
AND RÜCK 'N' ROLL

Ich sitze mit Josie bei uns in der Küche. In einem Anfall von dringend nötiger Infantilität sagen wir uns gegenseitig die Zukunft voraus. Da wir keine Tarotkarten besitzen, nutzen wir Marcus' Autoquartett.

»Huiii, da kommt aber ein schnittiger Job um die Ecke, Hatschi«, quietscht Josie. Sie deutet auf einen schmucken Ferrari, den ich an der Stelle für »berufliche Karriere« aufgedeckt habe. »Schnittig? Ja, Haare schneiden, wahrscheinlich. Eine Frisörkarriere. Oder aber nächste Woche ruft so ein Schnösel an und will, dass ich bei seiner Edelkarre halb nackt 'ne Schaumwäsche vornehme und mich auf der Motorhaube räkele«, seufze ich.

»Wenn er gut zahlt ...«, Josie zuckt mit den Schultern und grinst. »Hier, dreh die mal um. Was sagt deine Gesundheit?« Ich wende die Karte, auf der ein 245er Volvo-Kombi prangt. »Haaach, robuster geht's gar nicht! Du kommst auf jeden Fall gut durch den Winter!«, lobt Josie meinen Zug. »Oder ich bekomme die Elchgrippe«, murmele ich düster.

»Hä?«

»Wieso nicht. Schweinegrippe, Vogelgrippe ... Warum nicht mal eine Elchgrippe?«

»Gibt's die wirklich?«

»Nein. Aber wenn sie jemand als Erstes kriegt, dann ich.«

»Stimmt. Oder du stirbst beim Versuch, ein Ikea-Regal aufzubauen.« Josie grinst.

»Klingt wahrscheinlicher. Was gibt's sonst noch für Bedrohungen aus Schweden?«

»*ABBA*. Aber die tun keinem mehr was«, beruhigt mich Josie.

»Was sagt denn meine Zukunft so in Sachen Beruf?« Sie dreht die nächste Karte um, ein ziemlich in die Jahre gekommener Opel Diplomat mit ordentlich Patina erscheint. »Oh je ... Heißt das, ich setze Rost an?«

»Quatsch, das heißt: Je älter du wirst, desto wertvoller bist du, Sammlerwert und so, von dir gibt's ja nicht so viele. Außerdem kriegst du Kultcharakter!« Jaha, für andere kann ich gut schönreden.

»Ooooopel-Gang, wir ha'm sie alle abgehängt!«, grölt Josie und schleckt sich einen letzten Rest Ahoi-Brause von der Hand. Die hatte ich noch von meinem letzten Job als Hostess bei einer Süßwarenmesse übrig. Josie hatte sich darauf gestürzt wie eine Fünfjährige.

Da fällt mir ein, dass ich später noch die Plakatvorlage für das Kinderfest im Hallenbad nebenan abgeben muss, die Herr Elstner, der Bademeister, in Auftrag gegeben hat. Apropos: »Paule heißt er, ist Bademeister ...«, schmettere ich zurück, und Josie guckt mich verwirrt an, weil sie meinen Gedankengang natürlich nicht mitbekommen hat, stimmt aber professionell ein: »... im Schwimmbad an der Ääääääcke ...«

»Das Lied hat Lisa mal auf einem französischen, aber größtenteils von Deutschen besetzten Campingplatz gesungen, als sie sieben war. Aus vollem Herzen. Sie meinte, dass ›Er bringt kleine Mädchen zur Strecke‹ bedeutet, dass der Bademeister den

Mädels zeigt, wo ihre Schwimmbahn ist, und befand es als ein sehr gutes Urlaubslied«, erinnere ich mich. »Zum Glück konnten wir ihr die CD wegnehmen, bevor sie zu ›Claudia hat 'nen Schäferhund‹ kam!«

Josie lacht. »Alles besser als dieser neue Kram ... Das letzte *Ärzte*-Album fand ich voll öde. Aber eigentlich geht es bergab, seitdem Bela B. so geschniegelt aussieht und diese geraden Zähne hat. Da sind ja die *Hosen* noch authentischer, die stehen zu ihrem moralischen Mainstreampop, aber da gibt's wenigstens noch echte Hymnen!«

»Wie bitte?! Wer bist du und was hast du mit Josie gemacht?«, frage ich das Wesen vor mir entsetzt.

»Ja, ist mir auch ein bisschen peinlich, aber ›An Tagen wie diesen‹ finde ich echt schön, das ist irgendwie so mit Gefühl.«

»Ja, so wie Andrea Berg.«

»Ach, die olle Möchtegerndomina, das kann doch wirklich niemand ertragen, das kann man doch gar nicht vergleichen!«

»Ich glaube, dass es mittlerweile eine große Schnittmenge im Publikum bei *Hosen*- und Andrea-Berg-Konzerten gibt!«, behaupte ich.

»Aber die *Ärzte* spielen doch vor genauso vielen Leuten. Von denen gehen auch viele auf *Hosen*-Konzerte, dann müsste es da ja auch Überschneidungen zu Andrea Berg ...«

»Nein!«, bestimme ich. So schmutzig ist meine Fantasie nicht, dass ich mir *Ärzte*-Fans auf Andrea-Berg-Konzerten vorstellen kann. Wir debattieren noch ein bisschen hin und her, so wie Kinder die Eigenschaften von Bat- und Spiderman vergleichen, bis Lisa irgendwann vorbeigeschlurft kommt, uns circa fünf Sekunden zuhört und mit unbewegter Miene zusammenfasst: »*Hosen* oder *Ärzte*, alles alte Säcke. Uralt. Dafür aber ganz okay. Gib mal Brause!«

Dann schlurft sie in ihr Zimmer, wahrscheinlich um auf Facebook zu posten, dass sich die Freundin ihres Vaters mit ihrer

Freundin voll peinlich über Opabands streitet. Oder Opfabands, die Wortwahl schwankt bei ihr je nach Tagesform.

Josie guckt mich etwas betreten an. »Stimmt, die sind ja alle auch schon um die fünfzig. Man selber kriegt den Altersunterschied zu den Kleenen irgendwie gar nicht so mit ... Haste mal 'nen Tee?« Brause und Tee, wie früher im Religionsunterricht oder montags bei Frau Kronejung. Manche Rituale sind völlig altersunabhängig. Wir rühren Kandis in den Tee, dann geht es wieder um die wichtigen Themen.

»Ich war schon eeeewig nicht mehr auf einem Konzert oder so«, sagt Josie bedauernd. »Ich bin abends einfach zu müde, obwohl die Jungs jetzt ja schon größer sind. Aber wenn Olaf nach Hause kommt, dann koche ich was, die Jungs gehen ins Bett, Olaf und ich haben Sex, und dann mag ich auch nicht mehr rausgehen ...«

Ich weiß nicht genau, ob ich alles richtig verstanden habe. »Hast du gerade gesagt, die Jungs gehen ins Bett, und dann habt ihr beiden, Olaf und du, Sex?«, vergewissere ich mich vorsichtig. »Ja. Was denkst du denn? Wenn die Jungs noch auf sind? Dann kommt man doch zu nichts!«, sagt Josie irritiert.

»Heißt das ... ihr habt *jeden Abend* Sex?!«

»Ja, klar. Kommt zwar mehr von Olaf aus, aber das hält fit, sag ich dir, und ...«

»*JEDEN ABEND?!*«, unterbreche ich sie fast panisch. Da ist es, das dunkle Geheimnis!

»Ja. Na ja, manchmal auch schon mittags, wenn's passt. Was ist denn daran so schlimm?« Josie guckt mich verwundert an.

»AUCH AM WOCHENENDE???«

»Eigentlich schon. Was ist denn los mit dir? Wieso bist du denn so blass?«

Ich rechne kurz nach. Josie ist seit vierzehn Jahren mit Olaf zusammen, sie waren beide Anfang zwanzig, auch wenn Olaf sich schon benahm wie Ende dreißig. Da hatte ich mich aber

85

wohl mächtig in dem guten Jungen getäuscht. Vierzehn Jahre lang jeden Tag Sex, abzüglich einiger Unpässlichkeiten wie Geburten, Magen-Darm-Viren oder schlichter Erschöpfung, dafür aber zuzüglich der Tage, an denen sie zweimal übereinander hergefallen sind, das gleicht sich also in etwa aus, und macht ... fünftausendeinhundertzehnmal Sex! Ich glaube nicht, dass ich überhaupt jemals in meinem Leben auf fünftausendeinhundertzehnmal Sex kommen werde. Meine Freundin Josie betreibt also Hochleistungssport, und ich habe es nicht gewusst! Ich weiß nicht, was mich mehr trifft. Ab jetzt werde ich jedes Mal, wenn ich sie sehe, daran denken müssen, dass vielleicht gerade eben noch Olaf aus ihr herausgeschlüpft ist! Ich bin, weiß Gott, nicht prüde oder sexuell uninteressiert, aber *jeden Tag* ...?! Dann bleibt doch wahnsinnig viel Wäsche liegen! Oder sonstige Arbeit, die man so nebenbei erledigt! Wann guckt diese Frau Fernsehen? Oder schläft? Dann geht Josie ab und zu auch noch joggen! Jetzt ist mir ihre Wahnsinnsfigur auch kein Rätsel mehr! Ich bin schon völlig kaputt allein vom Gedanken an solche erotischen Leistungen.

»Und das ist jedes Mal ... toll? Geil? Befriedigend? Kommt da nicht eine gewisse ... Routine auf?«

»Na, entdeckt ihr euch jedes Mal neu?«, grinst Josie skeptisch.

Ich erröte. Nein, natürlich nicht. Wir wissen, wie wir es mögen und auch wie oft, gleichmäßig verteilt hat mal der eine, mal die andere keine Lust. Zum Glück gibt es aber immer noch ausreichend aktive Überschneidungen, mal zwei- bis dreimal pro Woche, und dann auch wieder zwei Wochen gar nicht. Ich hielt mich bisher für den guten Durchschnitt in Sachen sexueller Aktivität in festen Beziehungen unseres Alters, aber Josie versaut mir gerade völlig die Statistik.

»Aber jetzt sag doch mal, ist es wirklich immer gut?«

»Weiß ich nicht«, wehrt sie ab. »Manchmal denke ich währenddessen auch ans Einkaufen. Oder ich lese was.«

»Hä?«, mache ich entgeistert. Im Kopf eine Einkaufsliste erstellen, ja, aber dabei lesen?! Ich bin ein bisschen ... neidisch, wenn ich ehrlich bin. Aber gleichzeitig wünsche ich mir innig, dass es bei uns nie so weit kommen möge. Bin ich etwa doch prüde? Oh, mein Gott! Josie rüttelt massiv an meinem Weltbild.

»Und, was hast du in letzter Zeit so gemacht?«, fragt mich Josie jetzt Kaugummi kauend. Lisa hat die letzte Brause mitgenommen.

Ich versuche, die unerwünschten Bilder wieder loszuwerden und mich auf meinen anscheinend völlig untervögelten Alltag zu besinnen. Josie hilft mir auf die Sprünge: »Sag mal, hast du eigentlich Ulrike mal in letzter Zeit gesehen? Die hat jetzt die Haare kurz, mit so 'ner Tolle, so wie *Pink*, aber in dunkelrot. Krass!«

Ich seufze abgrundtief bei dem Gedanken an einen der langweiligsten Abende meines Lebens.

»Ehrlich? Ich habe sie eine ganze Weile nicht gesehen, zuletzt auf ihrem vierzigsten Geburtstag, und der war wie eine Nahtod-Erfahrung, ohne dass man stirbt.«

»Vierzig, das ist doch fast tot«, sagt Mona im Vorbeigehen, während irgendein erbärmlicher Chartshit ohne Bässe aus ihren am Hals vorbeibaumelnden Ohrstöpseln plärrt.

Teenager! Diese entwaffnende Ehrlichkeit! Wie ich sie hasse! Dann lieber 'ne zünftige Herbstgrippe mit vierzig Fieber, Nasennebenhöhlenentzündung und leichten Halluzinationen, damit kenne ich mich wenigstens aus. Anders als mit der Jugend. Oder dem Alter. Oder überhaupt.

Abends muss ich lange in der Schublade kramen, bis ich diese raffinierte Korsage finde, die Marcus mir mal geschenkt hat und die ich auch durchaus schon öfters getragen habe, nur ist das letzte Mal schon eine Weile her. Ich kriege nicht alle Häkchen am Rücken zu, was nur zum Teil an meiner etwas expandierten Taille liegt, auch meine Beweglichkeit hat wohl etwas nachgelassen.

Aber kein Ding. Ich gedenke, das gleich mit einer geballten Dosis Sportlichkeit und Laszivität wieder auszugleichen. Irgendwo muss auch noch der Strumpfhalter sein, ich habe ihn zuletzt in der untersten Schublade gesehen. Dass die aber auch immer so klemmen muss! Ich stemme mich mit den Füßen gegen die Füße der wuchtigen Kommode und ziehe, da durchfährt mich ein stechender Schmerz in der Lendenwirbelgegend, und ich quietsche auf, lasse die Kommode Kommode sein und klappe auf dem Boden zusammen wie eine umgekippte Trittleiter.

»AUA!«

Ich höre Schritte auf der Treppe und bete, dass es Marcus und nicht eine meiner Ziehtöchter ist, die mich in Schlüpfer und halb angezogener Korsage auf dem Schlafzimmerboden findet, während der Raum in eindeutiger Absicht in schmeichelndes Kerzenlicht getaucht ist und zwei Flaschen Massageöl auf dem Nachttisch drappiert sind. Natürlich tauchen beide Zwillinge auf.

»Alles okay bei di ... oh! Ääääähhhh!«, machen beide wie aus einem Mund, und wenn das »Oh« noch eine Mischung aus Sorge und Überraschung in sich trug, war das »Ääääääääh!« doch eher ein lang gezogener Ausdruck der Abscheu, denn schnell haben sie die Ausgangssituation richtig erfasst. Aber wer beim Frühstück über Justin Biebers Genitalien spricht, muss noch längst nicht daran interessiert sein, dass auch der eigene Vater über ebensolche verfügt und dessen Freundin diese vielleicht ab und zu mal benutzt. Ich muss die beiden jetzt dringend vor weiteren bebilderten Schlussfolgerungen schützen! »Jetzt guckt nicht so, ich habe nur versucht, für ein albernes Fotoshooting Klamotten rauszusuchen ... für einen Halloween-Kalender. Ich bin nur noch nicht geschminkt, aber jetzt ist mein Rücken durchgebrochen«, improvisiere ich stöhnend, und sie nehmen die Lüge dankbar an.

»Gebt mir mal die Jogginghose, helft mir hoch und vergesst diesen Moment sofort wieder, ja?«, flehe ich.

Zu zweit schaffen sie es, mich aufs Bett zu setzen. Statt mit Massageöl werde ich mit Rheumasalbe eingerieben, und Lisa bringt mir fürsorglich ein Körnerkissen, das ich mir in den Rücken stopfe.

»Sollen wir jetzt ein Foto von dir machen? Du guckst gerade sehr halloweenig«, fragt sie scheinheilig.

Ich täusche einen Schlag an, doch sofort fährt wieder ein scharfer Stich in meinen Rücken. Das ist er also, mein erster Hexenschuss. Jetzt ist es also amtlich: Auch mein Körper gibt den Geist auf. Dabei bin ich noch nicht einmal vierzig. Ich habe noch über ein halbes Jahr!

Mona rutscht an mich heran, als die neun Minuten Ältere hat sie ihrer Schwester an Reife tatsächlich manchmal etwas voraus. Sie mustert mich beziehungsweise die Korsage, die ich unter dem Bademantel immer noch anhabe, nickt kurz und sagt: »Du kannst es aber noch tragen. Im Halbdunkeln. Darf ich mir die mal leihen, wenn's bei mir nötig ist?«

Ich möchte nicht, dass diese Kinder mal mit Sexualität in Berührung kommen, auch wenn es nicht meine sind, aber da sie gerade etwas bei mir guthat, nicke ich nur und sage: »Aber nicht in den nächsten zwei Wochen, okay?« Mona deckt mich zu, dann schlafe ich völlig entkräftet ein.

Als ich am nächsten Morgen wach werde, liegt Marcus neben mir und guckt mich liebevoll-misstrauisch an: »Habe ich etwas verpasst? Warum schläfst du im Korsett?«

»Korsage, man nennt es Korsage, mein Herz!«, murmele ich. »Aber ich brauche ein Korsett. Ich wollte unsere sexuelle Statistik nach oben treiben, aber dabei bin ich kaputtgegangen. Wo warst du denn gestern Abend so lange? Ich habe dich gar nicht kommen hören!«

»Ich musste länger arbeiten, jetzt zur Vorweihnachtszeit wollen anscheinend alle noch mal ihre Gesamtjahresleistung verdoppeln, und der Personalchef dreht durch, ich hatte siebzehn Meetings! Dabei wollte ich doch nur meinen Antriebsstrang weiter entwickeln, apropos Antriebsstrang: Bist du wirklich völlig immobil, oder könnten wir, wo du doch jetzt schon in dieser Korsage steckst, nicht eben die Gelegenheit nutzen in Sachen Statistik ...?«

»Nur wenn ich dabei was lesen kann«, schlage ich vor, und sein entsetztes Gesicht entschädigt mich für vieles. Ich berichte ihm von meiner Entdeckung hinsichtlich Josies und Olafs Hauptbeschäftigung. Marcus schiebt die Unterlippe vor und nickt anerkennend. »Respekt! Mich beruhigt, dass Olaf überhaupt irgendeine Fähigkeit oder ein Interesse zu haben scheint, und wenn es Überredungskunst ist.«

Ich nicke nachdrücklich und will mich aus dem Bett schwingen, eine fatale Idee. »AUA!«

Marcus seufzt. »Komm her, du kaputtes Ding, ich bring dich zum Arzt!«

»Warte, ich muss mir erst noch was Vernünftiges anziehen, nein, du musst mir was Vernünftiges anziehen. Es haben mich schon genug falsche Personen in diesem Aufzug gesehen! Ich glaube, ich nehme den Skianzug.«

»Tag, Frau Niesguth! Was darf's sein, was für die Nasennebenhöhlen?«

Doktor Seeheim strahlt mich an, er ist ein fröhlicher, höchst fideler Mittfünfziger, der sich in meinen Atemwegen so gut auskennt wie ein Sauerländer Geologe in der Atta-Höhle.

»Nee, Herr Doktor, da ist alles frei, ich habe ...« Wie beschreibe ich das jetzt? »... gegen eine Schublade gekämpft und verloren«? Klingt wie ein würdeloses Hausfrauendrama. »... mich gebückt«? Zu devot. »Ich wollte es mal krachen lassen, dann hat's bei mir gekracht«? Bloß nicht, das klingt wie ein Skihüttenhit, und meine Situation ist schon deprimierend genug.

»Ich habe ... was am Rücken«, sage ich also und stakse wie ein Zombie auf ihn zu, um meine Unbeweglichkeit nachdrücklich zu demonstrieren.

»Oha. Sie haben sich ungeschickt gebückt, wahrscheinlich bei einer häuslichen Tätigkeit, und dann hat's gekracht, ja? Ist immer peinlich beim ersten Mal, vor allem aber schmerzhaft. Willkommen im Club. Jetzt können Sie endlich mitreden, bei dem, was die Großen so erzählen!« So wie er es sagt, klingt es tatsächlich aufmunternd, als hätte ich etwas geleistet.

»Sie meinen, ich bin jetzt entjungfert, was Altersmalessen betrifft?«, frage ich ihn schief grinsend. »Genau. Und darum kriegen Sie jetzt die Pille danach!«, grinst er zurück. »Aber in Spritzenform. Und erwarten Sie bitte keinen Orden. Die nächsten zwei Wochen schonen, schonen, schonen, ich schreib Ihnen ein bisschen Physiotherapie auf. Beim Sex bitte unten liegen und nicht zu viel Ehrgeiz entwickeln!«

»Gott sei Dank!«, seufze ich. »Könnten Sie mir das bitte schriftlich geben?«

91

noch 174 Tage

THE MASTERPLAN OF WEIHNACHTSFERNSEHEN

»Das ist doch alles Betrug! Schiebung! Böswillige Verhohnepiepelung! Wieso ist denn das Münsterland vor dem Teutoburger Wald? Wer hat denn das langweilige Münsterland auf Platz fünf gewählt? Da ist doch gar nichts los, nur kleine Hügel und ein paar Wasserschlösser, das ist doch todlangweilig! Sieht doch ein Blinder, dass der Teutoburger Wald mehr zu bieten hat! Unverschämtheit! Da sind doch bestimmt nur Münsteraner in der Redaktion, Lug und Trug, wenn ich ans Telefon käme, würde ich dort anrufen ...«

»Was hat denn der Teutoburger Wald so zu bieten?«, unterbricht Marcus mein Gekrähe, während er sich und mir jeweils noch ein Kissen in den Rücken stopft, um eine halbwegs aufrechte Sitzposition halten zu können. Mein erstes romantisches Date fand während einer Klassenfahrt in der neunten Klasse nach Horn-Bad Meinberg im Teutoburger Wald statt. Steve aus der Parallelklasse war Gitarrist in unserer Schulband, und ich war wahnsinnig verknallt. Er nicht so sehr, ließ sich aber dazu herab, mich im Schatten der Externsteine zu entjungfern, und hey – es hätte schlimmer kommen können. Zwar küsste er nicht so inspiriert, wie er Gitarre spielte, aber den Tag im Teutoburger Wald habe ich trotzdem in sehr guter Erinnerung. Außerdem hat er einen sehr schönen Song nach mir benannt. Doch das soll hier nicht meine Argumentationsgrundlage sein.

»Bäume!«, trumpfe ich auf. »Bäume und ... größere Hügel! Zumindest größere, als das Münsterland hat!«

Völlig erschöpft von der Darlegung der erdrückenden Beweislage zugunsten Ostwestfalens sacke ich in mich zusammen. Die guten Menschen um mich herum können mich gerade noch festhalten, bevor ich vom Sofa rolle. Ich habe mich so sehr aufgeregt, dass ich aus meiner seit zwei Tagen sorgfältig eingelegenen Liegerille herausgeflutscht bin. Zwei körperliche Höchstleistungen auf einmal, so viel haben wir uns seit achtundvierzig Stunden nicht bewegt.

Ich soll mich ja schonen, Marcus zeigt sich solidarisch, und die Kinder sind sowieso bei allem dabei, was irgendwie mit Chillen zu tun hat. Außerdem ist Weihnachten, und da steht Entspannung ganz weit vorn.

Seit wir in unserer Patchworkkonstellation einmal den großen Fehler begangen haben, nacheinander alle Primärfamilien abzuklappern (erst die Mutter der Zwillinge, dann Marcus' Eltern, dann meine), und die Kinder somit in einen nicht enden wollenden Geschenkemarathon gerieten, aus dem sie völlig überdosiert, wenn nicht sogar verstört am vierten Tag durchs Ziel liefen, versuchen wir jetzt, den materiellen Teil in kleineren, verdaulicheren Portionen anzureichen. Also rufen wir meine Eltern nur an, und weil Weihnachten ist, fragt mich keiner von beiden, was meine Arbeit so macht. Marcus' Eltern sind herrlich entspannt und unkompliziert und meistens irgendwo auf Weltreise, was sehr zur Entspannung beiträgt, weswegen wir sie heute auch nicht erreichen. Eigentlich hatten wir für heute, den ersten Weihnachtstag, nur eine *Harry-Potter*-Filmnacht geplant, aber dann war der DVD-Player kaputt, und jetzt sind wir gezwungen, uns mit dem normalen Fernsehprogramm zu begnügen. Wir haben unser reichhaltiges Büffet strategisch geschickt um Sofa und Fernseher herum aufgebaut und decken uns immer wieder mit schweren Daunendecken zu, um eventuellen Flüssigkeitsüberschuss lieber auszuschwitzen, statt lästige Pinkelgänge unternehmen zu müssen. Klappt alles super bisher, leider haben wir die Fernbedienung nicht in Reichweite gelegt, sodass wir dazu verurteilt sind, das Dritte zu gucken, und das ist schlimm. Es laufen seit gefühlten zweiundsiebzig Stunden angeblich immer neue Ausgaben der Top-Ranking-Show *Hitlisten des Westens* von *Die beliebtesten Schlösser und Burgen* über *Die beliebtesten Ausflugsziele* bis hin zu *Die beliebtesten Landschaften Nordrhein-Westfalens*. Natürlich haben wir längst geschnallt, dass es sich in Wirklichkeit immer um ein und dieselbe Sendung, nur mit anderen Titeln, handelt, zumindest kommen immer die gleichen Erlebnislöcher vor, mal getarnt als Stadt, mal als Burg, mal als Tierpark. Wir vermissen allerdings noch die längst fälligen Ausgaben *Die größten Arschlöcher, Die beliebtesten Arbeitslosen* und *Die überflüssigsten Sendungen des Westens*, wobei in der letzteren natürlich sämtliche Top-Ten-Plätze von den bisher bestehenden *Die-Besten-im-Westen*-Sendungen belegt wären.

Doch je länger wir verdammt sind, diese Sendungen zu gucken, desto klarer wird mir, dass hinter der ganzen Chose wahrscheinlich ein größerer Plan steckt, stecken muss, und zwar das große Weihnachtsdeeskalationsprogramm der Öffentlich-Rechtlichen. Während nämlich alle Weihnachtsfernsehgucker durch die siebzehn Wiederholungen der *Drei Haselnüsse für Aschenbrödel*, gepaart mit dem Disneyklassikermarathon und *Sissi* in Endlosschleife, schon so auf Harmonie gepeitscht sind, dass nur ein achtlos von Privatsendern ausgestrahlter Bruce-Willis-Film oder eine Handvoll Orks reicht, um die angestauten negativen Spannungen zu entfesseln und unversöhnbare Familienfehden oder Blitzkriege zu initiieren, schickt der WDR Thomas Bug, den Oliver Geissen des WDR, ins Rennen, um mit seinem mäßig bewegten NRW-Bildband sämtliche Aggressionen auf sich zu vereinen. Wobei, ich möchte nicht den ganzen Ruhm vor den Bug schießen, hat er sich doch zu den jeweiligen regionalen Einspielerfilmchen, in denen immer ein paar Radfahrer durch Äcker fahren, drittklassige Promis geholt, die unqualifizierte Kommentare zu den gezeigten Sequenzen abgeben, wie »Jaaaaa, Münsterland, toll!«, wahlweise »Jaaaaaa, Sauerland, herrlich!« oder »Oioioioi, Ruhrgebiet ... Na ja!«

Wir sitzen ungläubig und bewegungsunfähig vor der Glotze, sind im ersten Durchgang tatsächlich noch intuitiv gespannt, welches Stück Gras es auf Platz eins schafft, im zweiten schon leicht empört über die höchst subjektive Berichterstattung, und ab der dritten Folge schreien wir die Leute vom WDR an, bis wir beim zwölften Durchgang ganz heiser und kaputt sind.

Doch die wohl allem zugrunde liegende Strategie geht auf: Zwischen Marcus und mir ist es friedlich geblieben, auch die Kinder sind noch heil, die am anderen Ende des Sofas mit dem Nintendospiel *Mein eigenes Tierheim* ihr ganz persönliches Antiaggressionsprogramm gefunden haben, indem sie die eingesperrten Tiere nach ihren Mathe- und Französischlehrern benennen, wenn sie nicht gerade über irgendein Chatportal ungeliebte Mitschüler dissen.

Als uns tatsächlich müde und ausgepowert nach dem vierundsiebzigsten Trailer der *Schönsten Wanderwege des Niederrheins* die Tränen der Erschöpfung fließen wollen, hat der Sender ein Einsehen und beginnt die lange *Tatort*-Nacht, bei der wir uns dank Schimanski langsam wieder auf den notwendigen Adrenalinpegel hocharbeiten können, um Hans-Jörg Felmy und Manfred Krug zu überleben.

Wir sehen uns alle glücklich in die bereits viereckigen Augen, singen noch ein feierliches »Ihr Krimilein kommet« und danken den Programmplanern der Öffentlich-Rechtlichen für ihre Umsicht. An nur zwei Tagen hat sich meine Motivation, mich endlich wieder zu bewegen, ungefähr verzehnfacht. Fernsehen kann tatsächlich gesund machen.

noch 161 Tage

SIE SIND JETZT SO WEIT ...

Neues Jahr, neuer Rücken. Ich beschließe, dass ich wieder voll funktionstüchtig bin, und gehe zu Doktor Seeheim, damit er mir recht gibt. Er drückt hier und da, lässt mich ein paar Verrenkungen machen und nickt dann bedächtig. »Ja, Frau Niesguth, das geht wohl. Aber denken Sie dran, abrupte Bewegungen im Rückenbereich zu vermeiden. Und immer schön in die Knie gehen beim Heben. Wenn es einem einmal so in den Rücken geschossen ist, dann kann das zweite Mal schneller kommen. Sie sind jetzt einfach in einem Alter ...«

Ich sehe ihn scharf an. »Kommen Sie mir nicht so!«, unterbreche ich ihn. »Sagen Sie mir nicht, dass ich jetzt in dem Alter bin, bei dem Ärzte alle Diagnosen mit ›Sie sind jetzt in dem Alter‹ anfangen! Ich bin noch keine vierzig!«

»Und damit das zumindest körperlich noch eine Weile so bleibt, sollten Sie jetzt vorbeugen«, fährt er ungerührt fort. »Eine gute Rückenmuskulatur aufbauen, gezieltes Training ist auch gut fürs Bindegewebe, und das kann ja nie schaden!«

Ich werfe ihm einen strafenden Blick zu, er grinst: »Wissen

Sie, Frau Niesguth, das Schöne an erschlaffenden Körperteilen ist ja, dass auch die Augen schlechter werden, dann fällt es einem selbst gar nicht mehr so auf!«

Dann winkt er zum Abschied dem Kleiderständer zu, an dem zwei Meter entfernt mein Mantel hängt. Ich bin mir nicht ganz sicher, ob das nur ein Scherz zu meiner Beruhigung sein sollte.

Als ich zu Hause ankomme und mich bücke, um die Post aus dem Briefkasten zu fischen, fällt mir das erste Mal wirklich bewusst auf, wie schön es ist, sich ohne Schmerzen bewegen zu können. Lektionen in Demut, denke ich, *das* bedeutet Älterwerden. Ich gehe die eingetroffenen Briefe durch und sehe als Letztes einen an mich persönlich adressierten Werbeflyer für Treppenlifte. WIE BITTE?! Wie kommen die auf mich?

Hat da einer in den letzten zwei Wochen mit dem Fernrohr am Fenster gesessen und beobachtet, wie entwürdigend lange ich zum Socken anziehen gebraucht habe? Habe ich einen Treppenliftvertreter in der Nachbarschaft, der jetzt seine Chance wittert? Und wenn ja: Soll ich seine Fürsorge als nett oder unverschämt auffassen? Oder kooperiert der Treppenlifthersteller etwa mit der NSA und macht nun einen Rundumschlag bei allen Menschen, die einmal »Rückenschmerzen« gegoogelt haben?

Ich möchte Erkundigungen einziehen, aber alle meine Freundinnen sind jünger als ich, meine Eltern haben sich auf ihre alten Tage einen Bungalow an der Nordsee gegönnt, ganz ohne Treppe (und als meine Mutter vierzig wurde, waren Treppenlifte noch gar nicht erfunden, glaube ich), und Ulrike möchte ich nicht anrufen, weil ich peinliche Nachfragen zu Jägermeister und Frikadellentablett fürchte. Selbst Marcus ist zwei Jahre jünger als ich. Verdammt! Ich bin wahrlich die Älteste in meinem Freundeskreis!

Als ich unsere Wohnung betrete, wird mein Kummer durch Schluchzen und Schniefen ertränkt. Allerdings kommt es nicht von mir. Die Laute kommen aus Monas Zimmer. Ich klopfe an die Tür. »Mona?« Es ertönt ein Geräusch, das wie der Speichelabsauger beim Zahnarzt klingt, nur in sehr verstopft. Eine zittrige Stimme sagt: »Ja?«

»Alles klar bei dir?«

»Ich ... ich hab nur Schnupfen!«, piepst es von drinnen. Das ist natürlich Quatsch. Ein Schnupfenprofi wie ich hört sofort, dass es sich hier nicht um eine Januarerkältung handelt, es sei denn, Mona hat noch einen Welpen angesteckt, den sie gerade seiner Mutter entrissen hat und der deswegen erbärmlich winselt.

Ich betrete ihr Zimmer, und ein merkwürdig warmes Gefühl macht sich in mir breit. Ich kann es nicht wirklich definieren, aber vermute, es ist eine Verknüpfung von positiver Erinnerung und der auf höchster Stufe laufenden Heizung. So bemitleidenswert klang Mona das letzte Mal mit sieben, als sie diese schlimme Mandelentzündung hatte, ein Erlebnis, das uns zum ersten Mal wirklich verbunden hat, weil ich die Schmerzen kannte, sie mit Eis versorgt und erstmals einem kleinen Kind Geschichten vorgelesen habe. Danach habe ich diese Serviceleistung in mein berufliches Portfolio aufgenommen und werde seitdem öfter zum Geschichtenvorlesen gebucht, als man denken mag. Ich weiß nicht, was trauriger ist: dass viele Eltern keine Zeit haben, ihren Kindern selbst Geschichten vorzulesen oder dass ich den Workaholics auch noch ihr schlechtes Gewissen nehme und dafür selber Geld kassiere. Ich tröste mich damit, dass ich den Kindern immerhin die Kultur des Vorlesens näherbringe und die Eltern ihr Geld für mich statt für einen Frühförderworkshop in Wirtschaftskoreanisch ausgeben (oder was weiß ich, was im Elternratgeber für Business-Erziehung gerade angesagt ist).

Jedenfalls liegt Mona gerade mit angezogenen Knien auf ihrem Bett, mit vom Weinen dick geschwollenen Augen und roter Nase und hält einen Teddy im Arm, den sie die letzten vier Jahre nicht einmal mehr beachtet hat. Auf dem Teddy liegt eine dicke Staubschicht, die gequollenen Augen könnten also auch von ihrer Hausstauballergie herrühren.

Ich setze mich zu ihr auf die Bettkante. »Was ist los, Schnucki?«, frage ich, weil sie »Schnucki« hasst, aber mit einer beleidigten Mona komme ich besser klar als mit einer am Boden zerstörten.

Doch Mona reagiert gar nicht auf meine versteckte Provokation, sondern heult los: »Dieses Arschloch! Der ist so gemein! In der Pause haben wir noch geknutscht, und jetzt ... jetzt ...« Sie hickst.

Ich schlucke. Das Kind hat geknutscht?! Mit wem? Warum?! Mit Zunge?! Ist sie dafür nicht noch viel zu jung? Und warum ist ihr Vater jetzt nicht hier, um ihr das nachträglich zu verbieten? Zum Glück gelingt es mir gerade noch, auf die Zunge zu beißen, und ich spreche keinen dieser schockierenden Gedanken aus. In your face, Ampelmännchen!

»Und jetzt was?«, frage ich stattdessen.

»Ich wo-holl-te ihm vo-hor-hin simsen, dass wi-hir ins Kino gehen können o-ho-der so, weil bei mir Englisch ausgefa-hallen ist und ich früher a-haus habe, da hab ich ihn mit Ayleen gesehen, Hand in Hand, die ist schon lange in den verknallt, aber mir hat er gesagt, er findet die doof, so voll übel überstylt und so, und jetzt ... jetzt ...« Sie schluchzt wieder. »Wer denn überhaupt? Wer ist denn das Arschloch?« Ich brauche Fakten.

»Renéeeee«, jault Mona. Ich erstarre. René? Etwa René Kloppner, dieses Milchgesicht, dieser unattraktive Spargel mit der Körperhaltung eines bekifften Fragezeichens? Der mich beim letzten Schulfest hinter meinem Rücken als »Stresstussi« bezeichnet hat, weil ich für die überteuerten Lose, die ich ihm gnädigerweise abgekauft habe, gerne mein Wechselgeld wiederhaben wollte, obwohl ich ganz bestimmt nicht scharf auf die selbst gebastelten Preise der Tombola war? Dieser Schnösel, der öfter seine Ponyfransen aus dem Gesicht bläst, als ich überhaupt einatmen kann? *Dieser* Renéeeeee?!

»Er hat seinen Pony abgeschnitten und sieht total gut aus«, verteidigt Mona ihren Herzensbrecher. »Und alle anderen Eltern haben bei den Losen kein Wechselgeld gewollt!« – Diesmal hatte ich wohl vergessen, mir auf die Zunge zu beißen, und es laut gesagt.

»Er ist hässlich, hat Pickel, keinen Arsch in der Hose, und das einzige, was er, ohne zu nuscheln, sagen kann, ist: ›Ääääääähhh!‹« Ich äffe, wie ich finde, sehr treffend Renés grenzdebilen Gesichtsausdruck nach.

»Er ist vierzehn, Hatschi!«, rügt mich Mona mit dem Tonfall meiner Mutter und erinnert mich daran, dass ich hier die Erwachsene sein sollte. In irgendeiner Studie habe ich mal gelesen, dass Kinder, die bei getrennten Eltern aufwachsen, früher reif sind als andere. Ich glaube jedoch nicht, dass mit »andere« die Eltern gemeint waren. Also reiße ich mich zusammen. »Entschuldigung. Aber jeder, der dich für eine andere sitzen lässt, muss ein Idiot sein. Was hat er denn zu seiner Verteidigung zu sagen?«

»Gar nichts. Ich habe ihn ja noch gar nicht gesprochen. Als ich ihn mit Ayleen gesehen habe, waren die beiden zu weit weg, und ich wollte nicht hinterherrennen.«

»Vielleicht war es nur ein Missverständnis?«

Mona hält mir anklagend ihr Handy entgegen. »Er hat seinen Facebookstatus auf ›Single‹ geändert. Es ist vorbei!« Sie schluchzt wieder bitterlich.

In diesem Moment bin ich selbst wieder dreizehn und gehe die schmale Holztreppe zu Thomas Anglers Zimmer hinauf, nachdem mich seine Mutter mit etwas verwirrtem Gesichtsausdruck reingelassen hat. Ich habe eine Kette dabei, kein echtes Silber, aber silber glänzend, mit einem kleinen Fisch als Anhänger, wie ich ihn auch trage als Zeichen meiner Liebe und seines Sternzeichens und weil er meiner Meinung nach ziemlich gut zu »Angler« passt. Sieht jedenfalls besser aus, als ihm ein versilbertes Taschentuch zu schenken, um ihn an mich zu erinnern. Mit dieser Kette gedenke ich, Thomas auch nach außen hin sichtbar an

101

mich zu binden, weil wir bisher immer nur heimlich, unbemerkt vom Rest der Welt, hinter der Turnhalle geknutscht hatten. Mit all meinem dreizehnjährigen Mut öffne ich die Zimmertür: Thomas sitzt auf seinem Bett und sieht mich sehr erstaunt an, während Anita aus der Parallelklasse, die auf seinem Bett *liegt*, seine Hand hält und gerade exaltiert über etwas kichert. Die Situation ist eindeutig, auch wenn beide angezogen sind. In unserem Alter hält man nicht einfach so die Hand von jemand anderem, auch wenn Thomas schon fast fünfzehn ist. Wir sind ja froh, dass wir das gerade hinter uns haben, dass uns ständig jemand bei der Hand nimmt! Ich bin entsetzt. Anita trägt, wie wir Mädchen aus dem klassenübergreifenden Sportunterricht wissen, zwei BHs übereinander, um eine größere Körbchengröße vorzutäuschen. So wie ich immer zwei Strumpfhosen unter meiner Stretchjeans trage, um um meine Streichholzbeine herum weibliche Formen vorzutäuschen. Und um das Erkältungsrisiko zu mindern. Das wiederum weiß Anita, sodass ich ihre gepolsterte Schwachstelle niemals ausplaudern kann, ohne die Enthüllung meines Schönheitsgeheimnisses fürchten zu müssen.

Im Nachhinein erstaunt mich, wie knallhart ich in dieser dramatischen Sekunde kalkulieren konnte, denn in mir hatte etwas mein Herz und meine Gedärme so zusammengepresst, dass es weitaus natürlicher gewesen wäre, mich spontan in das typische Jungszimmerzeugs auf dem Fußboden zu übergeben. So aber tue ich das einzig Vernünftige, was man in dieser Situation tun kann. Ich schreie: »Du bist mir echt zu kindisch, es ist Schluss!« Dann fege ich mit einer Hand sein selbst zusammengebautes Modellflugzeug vom Tisch (sein ganzer Stolz), stürme aus dem Haus, und erst als ich außer Sichtweite bin, beginne ich, fürchterlich zu heulen. Ich weiß bis heute nicht, wie Thomas meine Aktion emotional verarbeitet hat, denn die nächsten zwei Jahre versteckte ich mich, sobald ich ihn sah, und dann ist er mit seiner Familie weggezogen, was aber, glaube ich, nichts mit mir zu tun hatte. Mit

Anita war er jedenfalls anschließend nicht zusammen, denn die war mindestens ebenso empört wie ich und war in der neunten Klasse die Erste an unserer Schule, die sich offiziell als lesbisch outete. Dreizehn ist einfach ein Scheißalter, wenn es zeitgleich auf den ersten Liebeskummer trifft. Thomas Angler war der Erste, der unbedacht mein Herz gebrochen hat, und daher nicht unschuldig an dem, was ich anderen, späteren Verehrern angetan habe, die mich abservierten: unsichere Versöhnungsbriefe mit Rotstift korrigiert zurückzuschicken oder Stofftiere, die einst als Liebespfand dienten, mit Stricknadeln gespickt vor die Haustür des Verräters zu legen: Rache kann ein gebeuteltes Herz sehr wohl in seine ursprüngliche Form zurückzupfen, wenn auch nur für kurze Zeit.

»Möchtest du ihm etwas Ekliges vor die Tür legen? Oder soll ich ihn zur Sau machen? Soll ich ihm mit meinen Kontakten zur Russenmafia drohen?«, biete ich Mona an und meine es ehrlich. Ich glaube, ein Aurafoto von mir würde gerade den Umriss einer Löwenmutter zeigen.

Mona lächelt. »Lieb von dir. Aber ich habe schon sein Profil gehackt und ein paar sehr peinliche Fotos gepostet.« Ich bin ziemlich stolz auf meine Teilzeittochter. Doch dann fängt sie wieder an zu weinen, die Tränen sind ein stetiger Fluss, und selbst ich verstehe, dass Ironie nun nicht mehr hilft.

»Es tut mir leid«, sage ich und nehme sie ein wenig linkisch in den Arm. »Meinst du nicht, du solltest mal mit ihm reden?«

Sie schüttelt heftig den Kopf. »Der kann mich mal!«

»Kann er ja trotzdem. Aber sag ihm, dass du dich verarscht fühlst. Vielleicht ist es ja wirklich nur ein Missverständnis und falls nicht: Er kann ruhig wissen, dass man nicht hinter dem Rücken der einen mit einer anderen Händchen hält. Trag es nicht mit dir herum, sonst tut es nur noch länger weh, immer wenn du ihn siehst. Und im Zweifel musst du dich bis zum Ende eurer Schulzeit verstecken, sobald er in dein Blickfeld gerät.«

Dann erzähle ich ihr die Geschichte von Thomas Angler.

»Glaub mir, es ist nicht leicht, jemand anderem zu sagen, dass er einen verletzt hat, weil man dann zugibt, verletzbar zu sein, aber danach wird es dir besser gehen. Ich hab das erst viel später gerafft und hätte mir dadurch einen Teil meiner Jugendzeit schöner machen können. Es ist nämlich nicht so angenehm, auf jeder Party als Erstes zu gucken, hinter welche Yuccapalme man sich flüchten könnte, falls der doofe Typ, der einem das Herz gebrochen hat, auftaucht.«

Das ist das erste Mal, dass Ampelmännchen und ich dieselbe Meinung haben, und hier fühlt es sich ... nun ja, *richtig* an.

»Ja. Vielleicht sag ich's ihm«, murmelt Mona.

»Ich hab's ihm schon gesagt«, ruft Lisa forsch, die in diesem Moment das Zimmer betritt.

»Was?!«, kreischt Mona und sitzt kerzengerade auf ihrem Bett.

»Ich hab gesehen, wie er mit Ayleen rumgeknutscht hat, und dann habe ich ihn zur Rede gestellt. Ich hab natürlich nicht gesagt, dass du jetzt voll am Heulen bist, ich hab nur gefragt, ob er noch alle Latten am Zaun hat und was er für'n Opfer ist, mit 'ner anderen rumzupornen, von wegen Respekt und so, und dass man so was nicht macht, schon gar nicht mit meiner Schwester. Dann hab ich noch gesagt, dass Hatschi ein paar Leute von der Russenmafia kennt und ich 'ne Axt hab. Der hat auf jeden Fall nix mehr gesagt am Ende, Vollidiot, ey!«

»Mein Gott, Lisa, irgendwann glaubt das mal jemand mit der Russenmafia!«, schelte ich sie, aber insgeheim bin ich schon wieder ein bisschen stolz, nun auch auf Teilzeittochter Nummer zwei.

Mona hadert noch mit ihrem Ego, gewinnt aber. »Danke«, schnieft sie.

Ich stehe auf. »Komm, ich mache uns ein Vanilleeis mit heißen Kirschen. Ist gut gegen Liebeskummer, vor allem gegen den ersten!«

»Ich will aber auch eins«, meldet sich Lisa, »prophylaktisch! Vielleicht krieg ich dann keinen!«

»Es gibt immer ein erstes Mal«, sagt Mona mit Grabesstimme und all der abgeklärten Weisheit der neun Minuten Älteren.

»Ich scheiß auf erste Male!«, entgegnet Lisa nüchtern. »Erste Male sind doch meistens doof. Man kann es gar nicht richtig genießen, oder es tut weh, oder man erschreckt sich ...«

Ich protestiere. »Quatsch, es gibt total schöne erste Male! Zum Beispiel ... das erste Mal etwas aus eigener Kraft schaffen, den Aufschwung am Reck oder einen Topflappen häkeln oder das erste Mal etwas vom eigenen Taschengeld kaufen oder das erste Mal gute Spaghetti essen, oder das erste Mal verliebt sein und dann merken, dein Gegenüber ist es auch ...«

Mona heult wieder los.

Lisa legt den Kopf zur Seite und betrachtet den Prospekt, den ich immer noch unterm Arm trage. »Treppenlifte?«, fragt sie. »Warum kriegst du die Post von Frau Kronejung?«

»Der ist an mich«, sage ich finster, und Lisa lacht.

»Du hast recht«, sage ich zu ihr, »manche ersten Male sind echt scheiße, das erste Mal Treppenliftpost zu kriegen, gehört auf jeden Fall dazu!«

»Also ich fänd's super«, erklärt Lisa. »Ich hätte voll Bock auf so'n Teil. Dann muss man die Schultaschen nicht selber schleppen. Und du könntest uns jetzt unser Eis einfach aufs Zimmer schicken, wir müssten gar nicht mehr aufstehen!«

»Was du suchst, ist ein Butler«, entgegne ich, »oder ein Zivi. Und nein, so weit bin ich nun wirklich noch nicht!«

Als zehn Minuten später meine subtile Empörung zwischen zwei Löffeln köstlichstem Geschmack und der perfekten Vermischung aus heiß und kalt dahinschmilzt, stelle ich fest: Vanilleeis mit heißen Kirschen hilft gegen grundlose Altersdepression, ganz egal, in welchem Alter man sich befindet.

noch 160 Tage

VIELLEICHT SIND'S JA DOCH NUR DIE HORMONE (4)
FIRST AND LAST AND ALWAYS

Erinnern Sie sich noch an früher? Wie Sie klein waren und ein Erwachsener zu Ihnen gesagt hat: »Komm, wir machen ein Wettrennen?« Und dann sind Sie gelaufen, so schnell Sie konnten, der Herausforderer dicht auf, aber stets hinter Ihnen, und am Ende haben Sie tatsächlich gewonnen. Der Erwachsene sagte etwas wie »Mensch, bist du schnell!«, und Sie haben ihm geglaubt? War das nicht schön? Es gab noch keinen Grund, an Worten oder Tatsachen zu zweifeln. Es war alles einfach so, wie es war: wahr und wahrhaftig und Sie selbst waren es auch. Sie wussten noch nichts von Ihrer Wirkung auf die Welt und umgekehrt, Sie haben nichts hinterfragt, Sie haben einfach erlebt und es entweder genossen oder daraus gelernt. Sie hatten nichts zu verlieren, weil Sie noch gar nicht wussten, was verlieren bedeutet.

Als die Zwillinge noch klein waren, haben wir einen alten Autoreifen als Schaukel in den Garten gehängt, an einen der dicken Äste des Birnenbaums. Als sie so groß waren, dass sie sich schon alleine festhalten konnten, aber noch angeschubst werden wollten, gab es diesen einen Moment, der mir bis heute vor Augen steht: Sie saßen sich auf dem Reifen gegenüber, ihre Haare flogen im Wind, und sie schlossen die Augen, aus einem Impuls heraus beide gleichzeitig, sie genossen und lächelten so beseelt, dass sie von innen heraus zu leuchten schienen.

Das Gespräch um »erste Male« geht mir immer noch im Kopf herum, und mir fallen immer mehr schöne erste Male ein, die ich jetzt nicht mehr erleben kann, weil ich sie schon erlebt habe, und ich werde ganz melancholisch, was aber auch an der Flasche Wein liegen kann, die ich fast geleert habe, während ich auf Marcus wartete, der heute wieder Überstunden schieben muss.

Meinen ersten Kuss bekam ich von Thilo Neuenhaus im Kindergarten. Der Kuss war ziemlich nass, aber trotzdem schön, weil Thilo mein Sandkastenfreund war und die besten Fabulandfiguren hatte. Mit denen durfte außer ihm nur ich spielen. Wie schön war das, als man noch mit Jungs unterwegs war, einfach so, ohne etwas von ihnen zu wollen, außer vielleicht der Schippe für den Sandkasten. Oder Fabulandfiguren. Aber wie schön war das auch, das erste Mal mit Jungs unterwegs zu sein und zu merken, dass du mehr von einem willst als nur die Schippe, vielleicht einen Kuss, selbst wenn er so nass sein sollte wie der von Thilo Neuenhaus. So viel Schönes ist schon vorbei: der erste Schultag, der letzte Schultag, das erste Mal Geld verdienen, der erste Rausch (meinen ersten Rausch hatte ich mit acht auf einer Dorfkirmes in der Lüneburger Heide. Der Vater eines weinenden Kindes hatte mir einen ganzen Stapel Chips für das Kettenkarussell in die Hand gedrückt, die sein Kind verschmäht hatte, und wer schon einmal neun Runden hintereinander Kettenkarussell gefahren ist, weiß, wie sich das anfühlt), das erste Mal das Meer sehen, das erste Mal Weihnachten in einem anderen Land feiern, die erste große Party, der erste Liebeskummer, der erste anschließende Versöhnungssex, das erste Mal etwas gewinnen, der erste warme Sommerregen, das erste Mal auf einem Pferd sitzen, das erste Mal verkatert in einen Baggersee springen

107

und sofort wieder klar und fit sein, die erste eigene Wohnung, das erste Mal einen Kuchen backen, der nicht aussieht wie das, was nach einem Lagerfeuer übrig bleibt, das erste Mal jemanden bewusst durch ein Geschenk glücklich machen, sich das erste Mal etwas kaufen, auf das man lange gespart hat, das erste Buch, in dem man sich völlig verliert, das erste Mal lachen, bis einem die Tränen kommen, das erste Mal bewusst registrieren, dass man jetzt in genau diesem Moment sehr glücklich ist und guten Gewissens abtreten könnte (aber nur, weil man weiß, dass das vermutlich nicht passieren wird). Einige dieser Dinge sind auch beim zweiten oder hundertsten Mal schön. Und sicherlich gibt es einen Haufen erster Male, auf deren Wiederholung ich nicht besonders scharf bin: das erste Mal in einem wirklich sehr ungünstigen Moment seine Tage bekommen und keine Tampons dabeihaben, das erste Mal Zahnschmerzen, das erste Mal Bauchschmerzen, das erste Mal Kopfschmerzen, ach, sagen wir Schmerzen überhaupt, das erste Mal mitbekommen, dass die beste Freundin hinter dem eigenen Rücken Lügen über einen erzählt, das erste Mal irgendwo rausfliegen, obwohl man gerne noch geblieben wäre, sich das erste Mal unbeabsichtigt völlig zum Affen machen, der erste Liebeskummer (siehe Schmerzen/ blöde Freundin), das erste Mal auf einem fremden Klo sitzen und zu spät merken, dass kein Klopapier mehr da ist, der erste Kater, der erste Filmriss, sich das erste Mal in einem Anfall von Größenwahn völlig selbst überschätzen, und die ganze Schulklasse bekommt es mit, das erste Mal jemanden enttäuschen, das erste Mal Schmerzen verursachen, das erste Mal einen herzhaften Schluck aus einer Flasche trinken, die nicht nur Mineralwasser, sondern auch zwei Dutzend Zigarettenkippen enthält, das erste Mal den Lieblingspulli zu heiß waschen, das erste Mal etwas verlieren, was einem wirklich viel bedeutet, die erste Trennung, der erste missglückte Haarschnitt, die erste Falte, die keine Lachfalte ist, der erste Hexenschuss, das erste Mal, dass man sich über erste Male Gedanken macht, weil man befürchtet, dass es so viele schöne davon nicht mehr gibt, und man deshalb erst mal noch mehr von dem Wein trinken muss, den man sich eigentlich mit dem Liebsten teilen wollte, der aber immer noch nicht zu Hause ist.

Das erste graue Haar entdeckte ich vor einem Jahr in meiner linken Augenbraue, was daran liegen könnte, dass ich mir seit ungefähr fünfundzwanzig Jahren die Haare färbe, wasserstoffblond, fast weiß, da fallen graue Haare im Ansatz überhaupt nicht auf, und ehrlich gesagt gucke ich auch nicht hin.

Ich bin fast vierzig, und was habe ich bisher geschafft? Ich sehe aus wie ein in die Jahre gekommenes Kim-Wilde-Double, Kim »Nicht-ganz-so-wilde« quasi (und singen kann ich auch nicht). Was für erste Male bleiben mir noch? Das erste Mal etwas vergessen, nicht aus Schusseligkeit oder Stress, sondern weil der Kopf nicht mehr so kann, wie er soll? Das erste Mal Grannystar benutzen müssen? Das erste Mal, dass jemand in meinem Alter stirbt, ohne dass Drogen oder Straßenverkehr schuld sind? Das erste Mal jemanden beerdigen, der jünger ist als ich?

Mir steigen die Tränen in die Augen, und ich fühle mich der Urgewalt der Vergänglichkeit schutzlos ausgeliefert. Ich höre Schritte auf der Treppe, Marcus kommt. Schnell wische ich mir über das Gesicht und setze ein fröhliches Lächeln auf.

»Was ist los?«, argwöhnt mein schlauer Freund, als er die Küche betritt.

»Wieso?«, frage ich unschuldig zurück.

»Deine Wimperntusche zieht sich einmal quer übers Gesicht, die Flasche Wein ist leer, und du guckst so ... indisponiert.«

»Mona hatte Liebeskummer, und ich hab ... Lebenskummer«, will ich eigentlich sachlich sagen, doch es ist halb gelallt und halb geschluchzt. »Dann trink nicht den ganzen miesen Wein alleine aus, geteiltes Leid ist halbes Leid!« Marcus grinst schief und nimmt mich in den Arm.

»Ich konnte ja schlecht Mona die Hälfte anbieten, was kommst du auch so spät!«, jammere ich.

»Sag mal, Hatschi, was ist eigentlich los bei dir? Mal ganz abgesehen von Monas Liebeskummer, der sich, glaube ich, schon wieder verflüchtigt hat, jedenfalls ist ihr WhatsApp-Profilbild kein weinender Smiley mehr, sondern ein Teufelchen, dem Rauch aus den Ohren steigt. Gelobt sei der Wankelmut der Jugend! Aber was ist mit dir? Hast du 'ne Krise? Also so 'ne richtige? Oder ist das nur der Wein? Seit Wochen bist du immer wieder so komisch drauf. Hast du Kummer? Willst du mir irgendetwas sagen? Wir haben so lange nicht mehr wirklich Zeit gehabt zu reden. Bin ich zu viel weg? Willst du dich trennen?«

»Was?! Nein! Nein, mit dir ist alles okay! Du bist ... noch jung!«

Er zieht sich einen Stuhl heran und setzt sich mir gegenüber. Wenn ich so etwas mache, denken alle sofort, es gibt eine Standpauke, ein Drama, einen langweiligen Monolog. Marcus aber nimmt meine Hand, und ich weiß, dass ich jetzt alles sagen kann und anschließend nicht alleine dasitzen werde. Das habe ich an ihm von Anfang an bewundert: diese grundlegende Sicherheit, die er ausstrahlt. Bei allem merkwürdigen Quatsch, der ihm sonst gelegentlich durch den Kopf geht, trotz seiner ständigen Bereitschaft zur Albernheit, vermag er das, was ich ganz schlecht kann: Verbindlichkeit, Sicherheit und Geborgenheit ausstrahlen. Ich will immer von allem ein bisschen, aber nichts so richtig – manchmal ist es dann zu viel und manchmal nicht genug. Marcus gibt mir hingegen das Gefühl, genug zu sein, nicht zu viel und nicht zu wenig, und das kapiere ich gerade zum ersten Mal so richtig. Meine Laune wird schlagartig besser. Wenn es auch noch solche ersten Male gibt, dann ist vielleicht gar nicht alles schlecht?

»Weißt du, seit Ulrikes Party werde ich irgendwie ... älter. Oder nein, ich denke darüber nach, und ich spüre es, und das ist ... nicht einfach. Ich bin bald vierzig und frage mich, was ich erreicht habe und was noch auf mich wartet und ob es jetzt nur noch bergab geht.«

»Wenn's bergab geht, kriegt man mehr Schwung«, lächelt Marcus, »und man muss sich nicht mehr so abstrampeln. Das ist doch gut!«

»Ja ... Nein ... Du weißt, was ich meine. Körperlicher und geistiger Verfall. Was bleibt mir, und was bleibt von mir?«

»Oh mein Gott, willst du doch Kinder?« Marcus Stimme klingt leicht entsetzt. »Weißt du, es ist nicht so, dass ich kategorisch Nein sagen würde, aber die Mädels sind doch jetzt schon so schön groß und ...«

»Bloß nicht!«, gebe ich ähnlich entsetzt zurück. Auch wenn wir seine Kinder beide lieben, so muss man es doch nicht übertreiben. Obschon die Zwillinge in den letzten Wochen kaum noch durch enervierende Stimmungsschwankungen aufgefallen sind. Womöglich werden sie schneller erwachsen als ich.

»Aber ich wollte mich nie festlegen und hatte Angst vor allem, was Sicherheit gibt, und jetzt ändert sich das gerade, und ich weiß nicht, ob mir das noch mehr Angst macht. Ich habe über gute und schlechte erste Male nachgedacht, und ich frage mich, wie viele schöne erste Male es noch geben wird und ob wir die gemeinsam erleben oder ob ich dir vielleicht auf die Nerven gehe, wenn ich jetzt alt werde, und ob ich vielleicht bald einen Treppenlift brauche und ...«

»Ach Hatschi«, sagt Marcus in seiner ihm eigenen Mischung aus Zärtlichkeit und Augenrollen, »du stehst doch nicht erst seit gestern vor dem Spiegel und ziehst Grimassen oder dein Gesicht mit den Händen glatt. Ich glaube, vorher ist es dir nur nicht aufgefallen. Oder du hast dich nicht so ernst genommen, und das finde ich sehr charmant. Aber dass du dir Gedanken machst, wie es weitergehen soll und was alles noch auf uns wartet, anstatt immer nur ›Iihhh, nein, Zukunft, das weiß ich doch nicht, frag mich morgen‹ zu sagen, finde ich sehr sexy. Und nicht so

111

anstrengend. Was ist schlimm daran, ein wenig zu planen? Außerdem tust du das die ganze Zeit, du bewältigst dein und unser Leben ziemlich gut, schon seit Jahren, und übernimmst viel Verantwortung. Das konnte man dir bisher nur nie so gut sagen. Entspann dich mal. Ob du alt bist, entscheidest du selber und auch, was das bedeutet. Muss doch nicht gleich eine Katastrophe sein! Alte Autos beispielsweise sind viel wertvoller als neue Billigproduktionen. Solange du noch in die Korsage passt, ist alles gut!« Er grinst übertrieben lüstern und wackelt mit den Augenbrauen, und ich glaube es ihm genauso gern, wie Josie mir beim Autoquartettorakel geglaubt hat. Marcus' Theorien können eben sehr überzeugend sein. Er fährt fort: »Außerdem wird es noch so viele schöne erste Male geben! Wenn wir uns gegenseitig mit Klosterfrau Melissengeist abfüllen, wenn die Kinder uns das erste Mal mit dem Auto von einer Party abholen, das erste Mal eine Woche ohne Überstunden, das erste Mal, dass du mir auch etwas von dem schlechten Wein übrig lässt ...«

»Danke«, sage ich und meine es auch so.

»Weißt du, hol dir doch Rat von 'ner Fachfrau! Frag doch Frau Kronejung, was das Gute am Altwerden ist!«

»Aber Frau Kronejung weiß meistens nicht, dass sie alt ist«, sage ich.

»Eben«, nickt Marcus.

noch 158 Tage

CELEBRATE YOUTH

Mona hat ihren ersten Liebeskummer innerhalb eines Wochenendes tatsächlich weit hinter sich gelassen. »Weißt du, ich bin auch noch gar nicht bereit für eine feste Beziehung«, erklärt sie mir beim Frühstück, und ich verschlucke mich vor Lachen fast an meinem Brötchen, was sie zum Glück nicht merkt.

»René offensichtlich auch nicht«, bemerkt Lisa lakonisch und erntet einen wütenden Blick von ihrer Schwester.

»Ach, René ist voll der Spast. Ein hässlicher Spast mit Pickeln und ohne Arsch in der Hose! Dumm wie Brot! ›Äääähhhh…‹«, äfft sie ihn nach und schneidet eine Grimasse. Marcus zieht die Augenbrauen hoch und sieht erst Mona, dann mich an. Wow, offensichtlich haben meine Argumente doch Eindruck hinterlassen.

»›Spast‹ sagt man nicht«, tadele ich schnell, um abzulenken.

»Ich hoffe, du guckst den Jungs nicht nur auf den Hintern«, erkundigt sich Marcus, und es ist ihm anzusehen, dass ihm das Thema sehr schwerfällt, denn eigentlich möchte er nicht, dass seine Töchter überhaupt irgendeinem männlichen Wesen irgendwo hingucken.

113

»Bei René macht das gar keinen Unterschied zu seinem Gesicht«, kräht Lisa.

»Hallo?! Geht's noch?«, bedient sich Marcus der pubertären Grundsatzfrage, wendet sich aber dann an Mona: »Im Ernst, Schätzchen: Geht's dir wirklich gut? Bist du noch traurig? Ich schreibe dir eine Entschuldigung, wenn du möchtest.«

»Nein, nein, geht schon, ich bin drüber weg«, winkt Mona ab, und wieder einmal denke ich, dass Zeit sehr relativ ist. »Und was machst du in Kunst? Ihr seid doch in einer Projektgruppe«, fragt Lisa. »Wenn du jetzt die Gruppe wechselst, sieht es so aus, als würdest du es nicht ertragen können, aber willst du weiter mit ihm eine Skulptur gestalten?«

Sie reißt die Augen auf, lässt die Zunge aus dem Mundwinkel hängen, und macht dazu knetende Bewegungen mit ihren Händen, als würde sie jemanden wollüstig begrapschen wollen. Wir alle schütteln uns angeekelt.

»Das ist mir egal«, behauptet Mona, auch wenn sie etwas blass um die Nase wird. Marcus wuschelt ihr kurz über den Kopf, und wir wechseln das Thema. In solchen Momenten bin ich wirklich unfassbar froh, dass ich nicht mehr dreizehn bin. Ich muss an keinem Kunstprojekt teilnehmen und nicht mit jemandem zusammenarbeiten, den ich nicht mag. Ich muss sowieso überhaupt nicht mehr zur Schule gehen! Ich habe mir tatsächlich den Großteil meines Lebens so gestaltet, dass ich das mache, was ich möchte oder was mir zumindest keine großen Opfer abverlangt. Ich muss mich nicht mehr mit Menschen auseinandersetzen, die mich wahlweise erziehen oder mir das Herz brechen wollen, und wenn doch, kann ich irgendwie damit umgehen, weil ich es im Laufe der Zeit gelernt habe. Reifer zu werden, bedeutet ja nicht, dass man nicht mehr in unangenehme Situationen gerät, sondern dass man sie souveräner und kreativer handhaben kann. Darum: Noch mal jung sein? Ja. Aber kein Teenager mehr, bitte. Nicht noch einmal ohne Führerschein am Arsch der Welt wohnen, wo die einzige Verbindung zu etwas Stadtähnlichem in einem Bus besteht, der zweimal am Tag fährt und einmal ausfällt! Da tröstet einen auch das Internet nicht! Das *hilft* einem mit dreizehn sowieso nicht wirklich, außer dass man Referate per copy and paste von Wikipedia zusammenklauben oder ohne Ende Musik downloaden kann. Ich glaube, wenn man dreizehn ist, stresst einen das Internet eher. Ich halte es jetzt schon für ein Wunder, dass sich die Mädels verhältnismäßig normal entwickeln und zwischen Facebook, Youtube und Co. das Sprechen nicht verlernt haben! Vermutlich wird es in naher Zukunft noch schlimmer: Irgendwann werden alle nur noch mit kugelsicheren Westen zur Schule gehen dürfen, müssen gleichzeitig Englisch, Russisch und Chinesisch lernen, weil das Abitur schon für die zehnte Klasse anberaumt wird, denn wir haben immer weniger Zeit für immer mehr Dinge, die erledigt werden wollen, die aber immer sinnloser und kurzlebiger sind. Weil die Menschen das ahnen, versuchen sie schon jetzt, Zeit zu sparen, wo sie können, so wie es einst in »Momo« beschrieben war, und darum tun sie immer mehr Dinge gleichzeitig und immer weniger richtig. Neulich sah ich einen Vater, der sein Kind mit dem Fahrrad in den Kindergarten fuhr. Während das Kind im Kindersitz auf dem Gepäckträger thronte, fädelte sich der Vater durch den morgendlichen Stau, in der einen Hand das Handy am Ohr, die andere Hand am Lenker hielt die Hundeleine fest, an der ein japsender Golden Retriever mitgezogen wurde. An einer Kreuzung traf er einen ähnlich multi-taskenden Mann, den er offensichtlich kannte. Ich glaube, sie haben sich sogar noch miteinander unterhalten, jeder mit seinem Handy am Ohr, und ich weiß nicht genau, wer mir am meisten leidgetan hat: das Kind, der Hund oder der Mann selbst. Keiner von ihnen bekam die Aufmerksamkeit, die er verdiente. Ich bin schon ausgefüllt damit, Dinge *nacheinander* nicht hundertprozentig zu machen, wenn ich es *gleichzeitig* versuchen würde, überlebte ich wahrscheinlich keinen einzigen Tag. Ich würde das Fahrrad in der Kita abgeben, den Retriever zur Arbeit mitnehmen und das Kind am Fahrradständer anschließen.

»Vielleicht bleibe ich heute doch noch zu Hause«, murmelt Mona halblaut.

»Okay, für heute schreibe ich dir eine Entschuldigung. Aber nur für heute.«

»Ey, wie bitte? Und *ich* muss gehen oder was? Kann ich ihr nicht Beistand leisten? Wir haben uns eine Gebärmutter geteilt, wenn es ihr schlecht geht, geht es mir auch schlecht!« Lisa ist empört.

»Nee, du musst dir erst mal den falschen Typen angeln, dann reden wir weiter. Aber du siehst: Liebe lohnt sich immer, auch wenn's schiefgeht, springt immerhin ein freier Tag dabei raus!«, doziert Marcus. »Aber ich fahre dich zur Schule, das ist doch was, oder?«

Wenig später schnappen sich die beiden ihre Taschen und verlassen das Haus. Mona greift nach der Fernbedienung. »Nee nee, Moment mal! Liebeskummer bekämpft man am besten mit ...«

»Vanilleeis?«, ergänzt Mona hoffnungsvoll.

»Arbeit«, vervollständige ich. »Du kannst mir helfen, ich brauche zwei Tabletts voll Käsebrötchen.«

Nach getaner Arbeit entlasse ich Mona vor den Fernseher, lege ihr zur Weiterbildung beziehungsweise als weiteres Heilmittel *Die Teufelin* in den DVD-Player, bringe die Brötchen in eine Bürogemeinschaft zwei Häuser weiter, putze im benachbarten Kindergarten die Fenster, und als ich wieder heimkomme, ist der Film schon zu Ende. »Der war gut«, nickt Mona, »das merk ich mir für den nächsten Idioten. Was machen wir jetzt?«

»Ich fahre zu Frau Kronejung ins Altersheim, die hat heute Geburtstag. Kommst du mit?«

»Okay«, nickt Mona zu meiner Überraschung. Sie kennt Frau Kronejung bisher nur aus meinen Erzählungen, und dass sie

116

freiwillig mit ins Altersheim kommt, finde ich bemerkenswert. Vielleicht will sie sich aber schon mal nach einem Platz für Marcus und mich umsehen.

Im *Haus Abendrot* herrscht geschäftiges Treiben. Zwar ist Frau Kronejungs siebenundachtzigster Geburtstag ein wichtiger Tagesordnungspunkt, aber auch das restliche Alltagsgeschäft will erledigt werden. Silvana kommt mir auf dem Flur vor Elfi Kronejungs Seniorensuite entgegen. »Hast du schon gehört?«, fragt sie mit einem leicht entrüsteten Unterton. »Kristin kann nicht kommen, sie ist beruflich verhindert.«

»Kristin kommt nicht zum siebenundachtzigsten Geburtstag ihrer Mutter?!«, frage ich wirklich überrascht. Ich habe Kristin zwar lange nicht gesehen, aber ab und an telefonieren wir, und sie hat mir nichts davon gesagt. Obwohl, das letzte Telefonat ist auch schon eine ganze Weile her, fällt mir gerade auf, bestimmt zwei Monate.

»Sie ist jetzt Vorstandsmitglied, und die haben irgendwelche Sitzungen, sie will nächste Woche kommen. Sie hat aber bereits ein Geschenk geschickt: einen fetten Scheck für uns und für Elfi einen umfangreichen Wellnessgutschein mit Massage, Kosmetikbehandlung und was weiß ich. Im *L'Aphrodite*, diesem Nobel-Wellnesstempel. Und weißt du was? Plus eins, du darfst mit. Also wenn du mich fragst: Da klopft das schlechte Gewissen mit der Panzerfaust, aber ich beklage mich nicht!«

Ich bin baff.

»Wie cooooool!« Mona kriegt große Augen. »Ins *L'Aphrodite*, da gehen sogar Pink oder Katy Perry hin, wenn die hier auf Tour sind, das ist voll krass! Kannst du Fotos machen, wenn ihr da seid? Vielleicht siehst du ja irgendwen Berühmtes im Bademantel! Biiiiiitte!« Sie hüpft vor Aufregung.

»Und dann steh ich am nächsten Tag als ›Spannerin im Bademantel, die Prominente belästigt‹, in der Zeitung? Und werde

117

noch um meinen Erholungstag gebracht? Neeeeee! Aber wenn ich wen sehe, beschreibe ich dir seinen Bademantel so genau wie möglich, okay?«

»Na gut.« Mona gibt sich kompromissbereit.

»Charlotte? Sind Sie das? Wo bleiben Sie denn? Ich brauche eine Frisur! Und sagen Sie der anderen Dame, dass ich die Festtafel in Rot wünsche!« Silvana lächelt, rollt nur ein kleines bisschen mit den Augen und knickst in Richtung Zimmertür. »Ich eile, Frau Kronejung!«, sagen wir beide wie aus einem Mund und gehen unseren Pflichten nach.

Die Geburtstagsdame sitzt auf ihrem Lieblingsstuhl wie auf einem Thron, ihre Lieblingsbaskenmütze keck auf dem Kopf, eine unangezündete Lucky Strike mit Zigarettenspitze in der Hand. Frau Kronejung trägt ein schickes rosa Pepita-Kostüm, eine magentafarbene Pelzstola um die Schultern und könnte geradewegs einem Audrey-Hepburn-Film entsprungen sein, wäre sie nicht behängt mit wieder neuem, mir unbekanntem Schmuck in Form einer großgliedrigen, silbernen Kette, an der ein faustgroßer, mit bunten Strasssteinen besetzter Totenkopf baumelt. Jeder Rapper würde vor Neid erblassen. Irgendein Verehrer war wohl wieder auf Streifzug im Modeschmuckladen, immerhin steht diesmal kein Schimpfwort darauf. Ihre Augen funkeln vor Freude, die Wangen sind gerötet, wie siebenundachtzig sieht sie wirklich nicht aus. »Herzlichen Glückwunsch zum Geburtstag, Frau Kronejung«, sage ich. »Das hier ist Mona, meine ...« Wenn ich jetzt wieder versuche zu erklären, in welchem Nicht-Verwandtschaftsverhältnis wir zueinander stehen, stifte ich Verwirrung.

»... Tochter«, springt Mona ein und knickst sogar.

»Was für eine hübsche junge Dame«, sagt Frau Kronejung und mustert Mona äußerst wohlwollend. »Hast du denn schon einen Freund?«

»Nicht mehr«, winkt diese ab.

»So ist es recht, bloß nicht beim Erstbesten hängenbleiben!«, nickt Elfi. Mona grinst. »Auf gar keinen Fall!«, betont sie weltmännisch. »Man weiß ja nie, was da noch auf einen wartet!«

Frau Kronejung beugt sich leicht zu ihr. »Und es warten immer welche, glaub mir!«, raunt sie verschwörerisch.

»Coole Kette!«, sagt Mona anerkennend.

»Wenn man so alt ist wie ich, kann man alles tragen und sollte sich auch schon mal mit dem Tod auseinandersetzen. Weißt du, so lange ich ihn an einer Kette um den Hals trage, kann er mich nicht hinterrücks überraschen! Unter uns gesagt: Erst habe ich gedacht, es wäre ein Katzenkopf, und das fand ich skurril, aber jetzt gefällt es mir fast noch besser!«

Mona ist hingerissen, ich auch. So frisch und klar wie heute habe ich Elfi lange nicht erlebt. »Also: Alles Beste zu Ihrem Siebenundachtzigsten!«, versuche ich mich wieder ins Gespräch zu bringen. »Vielen Dank, meine Liebe. Aber in der Öffentlichkeit vermeiden wir es, die Zahl zu nennen, ja? Nicht dass ich mich nicht freue, so ein stolzes Alter erreicht zu haben, aber solange ich nicht so aussehe, muss es ja auch keiner wissen!«

Wir überreichen ihr mein Geschenk, eine DVD-Sammelbox von *Der Doktor und das liebe Vieh*, eine ihrer Lieblingsserien. Das britische Flair liegt ihr sehr, die Personalsituation erinnert sie an früher, und sie hegt eine Schwäche für Christopher Timothy, den Darsteller des Dr. James Herriot. Sie freut sich sehr und besteht darauf, direkt die erste Folge zu gucken, während ich ihre Haare zu kleinen Löckchen zwirbele.

Die Kaffeetafel ist in Rot gehalten, wie auch Herr Sundermanns Gesicht, als er Elfis ansichtig wird. »Sie werden mit jedem Tag schöner, meine Liebe«, schwärmt er, sie winkt kokett ab. Ein kleiner Chor singt »Freude schöner Götterfunken«. Eine der Pflegerinnen hat sich im Stil der Zwanzigerjahre verkleidet (Frau Kronejungs musikalische Lieblingsepoche, wenn es um »Populärmusik« geht, auch wenn sie erst *viel später* geboren wurde, wie sie stets betont) und gibt die Marlene-Dietrich-Version von »Ich weiß nicht, zu wem ich gehöre«, woraufhin die Jubilarin sehr andächtig wird und ihre Augen verdächtig glänzen. Es gibt Torte, Kaffee und Likör, und schon bald herrscht eine recht angetüdelte Stimmung.

Nach einer Weile steht Elfi auf, erhebt ihr Likörglas, schmettert »Auf die Jugend!« und zwinkert Mona zu. Diese errötet und sagt: »Nein nein, auf Sie!«

»Ich meinte mich, Schätzchen!«, erwidert La Kronejung würdevoll, nippt vornehm an dem Likör, leert ihn dann in einem Zug und wirft das Glas hinter sich.

Herr Sundermann und ungefähr fünf andere Senioren sehen sie verliebt an, einige Damen hüsteln empört, drei andere tun es Elfi gleich und schmeißen die Kristallenen hinter sich. Dann beendet das Personal die Runde mit dem Hinweis, dass sie leider kein Türstehergehalt bekämen und daher die Gesellschaft auflösen müssten, bevor als nächster Programmpunkt Randale oder Pogo in Angriff genommen würde. Man beschließt den Nachmittag mit einer zweiten Folge *Der Doktor und das liebe Vieh* auf Elfis Zimmer. Insgesamt mutet der Tag nicht viel anders an als mein siebenunddreißigster Geburtstag, nur dass ich, statt ein Likörglas hinter mich zu werfen, die Schüssel mit dem Waffelteig fallen ließ, was sehr viel weniger Rock 'n' Roll in sich trägt. Als wir gegen neunzehn Uhr gehen, ist Elfi jedoch sehr müde und sinkt in sich zusammen.

Mona wartet bereits draußen, als ich mich verabschiede. »Gute Nacht, Frau Kronejung, vielen Dank für den schönen Geburtstag.« Ich lege ihr eine Decke um die Schultern und drücke ihre Hand. Sie hustet rasselnd und fühlt sich sehr zerbrechlich an.

»Bleib doch noch, Kristin«, sagt sie. »Wo willst du denn schon wieder hin? Kristin, bleib doch noch!«

»Ich komme morgen wieder«, verspreche ich ihr mit einem Kloß in der Kehle. »Wo ist dein Mann? Es ist nicht gut, alleine zu sein!«, sagt sie und schließt die Augen. Im nächsten Moment schnarcht sie schon. Ich schleiche aus dem Zimmer.

»Die ist echt gut drauf«, sagt Mona bewundernd. »Auf dem Geburtstag war mehr los als neulich bei Allegras! Wenn ich mal siebenundachtzig werde, bin ich hoffentlich auch noch so drauf! Die ist überhaupt nicht ... alt. So im Kopf, meine ich.«

»So klar wie heute war sie aber auch schon länger nicht mehr, dass sie alle Namen parat hat und weiß, welcher Tag heute ist, und warum ...«

»Das will ich gar nicht wissen. Ich fand sie heute toll, und heute zählt!«, beschließt Mona. Zu Hause angekommen geht sie ins Bad, und ich höre sie durch die Tür leise singen: »... ich bin doch zu schade für einen allein ...«

Am nächsten Tag befinden wir Mona wieder für schultauglich, Lisa sowieso, und somit fahre ich, wie es sich gehört, alleine zum *Haus Abendrot*, um Frau Kronejung zum Wellnesstempel abzuholen. Ich bin zwar noch etwas unwillig aufgrund meiner letzten Saunaerfahrung, aber Massagen und Kosmetikbehandlungen sind sicher gut für Durchblutung und Bindegewebe und können wahrscheinlich nicht schaden, auch wenn mir so direkter Körperkontakt mit fremden Menschen eher unangenehm ist. Elfi ist wieder ganz die Alte, leicht durcheinander, aber sehr gut gelaunt und lässt sich genussvoll mit Cremes und Lotionen einreiben, während sie bis zu vier Bedienstete beschäftigt hält. Auch wenn sie heute wieder nicht genau weiß, welches Jahr wir haben und warum wir eigentlich hier sind, so macht ihr das doch keine Angst, und ich hoffe sehr, dass sie niemals eine der verschüchterten Menschen wird, die alles über sich ergehen lassen. Das Personal ist sehr freundlich und unaufdringlich, flößt uns Tees ein, die angeblich verjüngend wirken, zupft uns Härchen

121

aus dem Gesicht, die ich bisher noch gar nicht registriert hatte und kredenzt uns ausgesucht filigrane Schokoladenkreationen, die uns wahrscheinlich Unsterblichkeit verleihen. Als ich mich der ersten Thaimassage meines Lebens unterziehe, werde ich jedoch eines Besseren belehrt, denn die ungefähr anderthalb Meter große Frau, die da auf mir herumspringt, könnte mich vermutlich allein mit der Kraft ihrer Daumen töten, wenigstens aber durchbrechen. Ich schaffe es nicht, alle Schreie zu unterdrücken, fahre aber dann wirklich entsetzt hoch, als ich aus der Nachbarkabine, in der Frau Kronejung einer Reflexzonenmassage unterzogen werden soll, ein schrilles Quieken höre. Ich werfe mich in meinen Bademantel und will in die Kabine stürmen, da stürzt mir jedoch schon der blutjunge Masseur entgegen, mit hochrotem Kopf krampfhaft den Bund seiner Hose festhaltend, und stammelt, die ältere Dame habe ihm die Shorts heruntergezogen, kräftig auf den Hintern gehauen und gesagt, sie stehe auf stramme Jungs, wie es denn so aussähe mit ihnen beiden. Wir werden daraufhin angehalten, das Etablissement zu verlassen, was mir nicht ungelegen kommt, denn ich hätte meine Massage wohl eh nicht überlebt.

Leider habe ich keine Prominenten erspäht, denn da wir jetzt sowieso rausgeflogen sind, hätte ich auch Spannerfotos machen können. Allein ein Video von dem schockierten Masseur wäre bestimmt ein Youtube-Knaller geworden.

Frau Kronejung lächelt still und vergnügt vor sich hin und behauptet mit großen Augen, während ich sie zurück in ihre Residenz bringe, nicht zu wissen, was der junge Masseur gemeint habe. Als ich gehen will, winkt sie mich noch einmal zu sich heran: »Wissen Sie, Gabriele, Sie müssen lernen, die Gelegenheit beim Schopfe zu packen. Greifen Sie zu, so lange es geht! Das hält jünger als alle Massagen der Welt.«

Dann entlässt sie mich mit einem gütigen Nicken, und ich gehe kopfschüttelnd. Ich weiß nicht, wer Gabriele ist, aber ich frage mich, ob Frau Kronejung recht hat. Muss man wirklich jede Gelegenheit beim Schopfe packen? Ist das Fräulein Gelegenheit nicht irgendwann ziemlich ungehalten darüber, dass man ihr ständig die Haare ausreißt? Man weiß doch, wie empfindlich Frauen mit ihren Frisuren sind ... Rächt sich die Gelegenheit dann nicht irgendwann mal und bleibt einfach weg? Keine Gelegenheit mehr? Was allerdings auf dasselbe hinausliefe, wie keine Gelegenheit beim Schopfe zu packen. Also kann man eigentlich nichts verlieren. Ich beschließe, ab jetzt den Tag vor dem Abend zu loben und trotzdem den Morgen nicht außer Acht zu lassen, und finde, das klingt ziemlich schwierig, aber gut.

noch 99 Tage

URLAUBSZEIT – SCHÖNSTE ZEIT (2)
ODER: WIE ICH VERSUCHTE, (K)EINE ZIGARETTE ZU RAUCHEN

Es ist lange nichts Aufregendes passiert: Ich habe viel gearbeitet, Frau Kronejung mehrfach zum Tanzen begleitet, doch weil sie gerade keine gute Phase hat und nicht mehr als zwei Tänze schafft, war ich sehr gefordert und habe ganz nebenbei mein Können in Discofox und Cha-Cha-Cha erheblich verbessert. Ich habe mich viel mit den wirklich vorhandenen Kindern und meinen inneren Kindereien herumgeschlagen und stelle fest, dass ich mich fühle wie ein Akku, den man ein paarmal zu oft aufgeladen hat: Meine Energieleistung verkürzt sich zusehends.

Also zögere ich nicht lange, als Marcus eines Abends heimkommt, mich mit dem feurigen Blick anschaut, den sonst nur seltene alte Automobile mit Originalbauteilen von ihm ernten und sagt: »Ich hab mir freigenommen, ich soll all meine Überstunden abfeiern. Ab übermorgen habe ich drei Wochen Urlaub. Komm, wir fahren los!«

»Au ja!«, juble ich. Zum Glück liegen bei mir akut keine wichtigen Jobs an und Frau Kronejung kann auch mal auf mich verzichten, zumal sich jetzt endlich mal ihre Tochter angesagt hat.

Marcus zieht mich an sich: »Nur wir beide, ohne Kinder. Wir lassen es uns gut gehen, so richtig gesund, mit Sport und Gemüse, und vor allem: Wir rauchen nicht! Wie klingt das, Baby?«

»Super!«, flöte ich und denke mir im Stillen, dass der arme Mann wirklich urlaubsreif ist, wenn er von Sport, Nichtrauchen und Gemüse spricht. Aber bitte, an mir soll's nicht liegen, und schaden kann es ja nicht.

Mit dem Rauchen verhält es sich bei uns so: Wir sind keine schlimmen Raucher. Nicht mehr. Marcus war nie einer, ich schon. Obwohl oder wahrscheinlich weil ich oft erkältet und heiser war, habe ich geraucht wie ein Schlot, als total paradoxe Intervention. Ich wollte nicht allein meinen Körper bestimmen lassen, wann gehustet wird und wann nicht. Mittlerweile habe ich dazugelernt und rauche nur noch bei günstigen Gelegenheiten. Manchmal gibt es derer viele pro Tag, manchmal auch tagelang gar keine. Doch meine Psyche ist so auf Kontra gebürstet, dass sie, sobald ich mir vornehme, ganz aufzuhören, auf die Barrikaden geht und ich mehr rauche denn je. Also lasse ich das mit den endgültigen Vorsätzen und freue mich, wenn ich wenig rauche. Und zweieinhalb Wochen nicht zu rauchen, ist ja nicht endgültig, das ist keine ernsthafte Bedrohung. Marcus dagegen raucht nur aus Höflichkeit, oder wenn er total gestresst ist, und im Urlaub sind wir nicht gestresst, zumindest wenn die Zwillinge nicht dabei sind.

Eigentlich liebe ich das Nichtstun, so wie jeder intellektuell normal veranlagte Mensch, aber im Urlaub machen wir manchmal tatsächlich etwas, das in Richtung Sport tendiert, wobei das Canyoning, Wasserski und Reiten auf Korsika schon zu den Höchstleistungen zählen, die wir jemals vollbracht haben. Ich bin im Urlaub eher ein feiger Reinhold Messner. Das bedeutet, ich begebe mich in die wilde Natur, aber nur so weit, dass ich die nächste Tankstelle noch sehen kann, und ich schnorchele ein wenig, aber immer mit einer Hand am Schlauchboot. Ich bin also ein semiaktiver Naturtyp. Deshalb gehe ich auch gerne campen,

125

auf schnuckeligen Campingplätzen ohne großen Komfort, mit zwei Paar Hosen für zweieinhalb Wochen, ein langes und ein kurzes, scheiß auf Outfit, einfach mal wieder nur »sein«, im Einklang mit der Natur, wenn möglich irgendwo, wo die Leute um einen herum, sollte es welche geben, eine andere Sprache sprechen, damit man nicht versteht, wie sie tratschen und streiten. Das wäre natürlich auch in Köln-Mülheim der Fall, aber da ist weniger Natur.

Portugal ist das schnell gewählte Ziel unserer rauchfreien Reise. Am nächsten Tag packen wir hektisch alles zusammen, was irgendwie mit Sport und gesundem Urlaub zu tun haben könnte. Marcus entstaubt unsere Joggingschuhe, die wir mal in einem übermütigen Moment als Sonderangebot gekauft haben und die seitdem nur bewegt wurden, wenn jemand auf der Kellertreppe über sie stolperte. Ich packe eine »Fit for Fun«, Marcus eine Surfzeitschrift ein. Wow, so sportlich ausgerüstet waren wir drei noch nie (Marcus, ich und mein Bindegewebe). Ich werde ein Urlaubstagebuch führen müssen, um nichts von unseren zukünftigen körperlichen Höchstleistungen zu vergessen.

Tag 1
Wir fahren Auto – in einem Rutsch durch bis Nordspanien, das aber aussieht wie Irland: grüne Hügel und äußerst feucht. Frage Marcus, ob wir uns nicht doch verfahren haben, man kann den heutigen Navigationsgeräten ja nicht bedingungslos trauen. Marcus fragt (wie ich finde, mit leicht angespanntem Unterton), ob ich hier irgendwo Kleeblätter, Leprechauns oder *Reamonn* sähe. Sehe ich nicht, kann also nicht Irland sein.

Tag 2
Wir fahren Auto – bis nach Sevilla. Auf dem Weg sehen wir ein paar Geier, die um interessante Felsformationen kreisen, was kitschig aussähe, wenn es nicht auch gruselig wäre. Wahrschein-

lich haben wir in den zwei Tagen bedingungslosen Autofahrens schon so viel an Körpergewicht verloren, dass wir als Beute infrage kommen. Ich lasse die Fenster vorsichtshalber geschlossen, Marcus ist nicht begeistert, denn in Sevilla ist es (Aprilwetter oder Klimawandel?) so heiß, dass wir kurz überlegen, wieder umzudrehen und doch nach Irland zu fahren. Hart wie wir sind, halten wir durch.

Tag 3

Endlich Portugal. Wir fahren durch bis ans südwestlichste Ende der zivilisierten Welt, als Nächstes käme dann Amerika. Die Gegend sieht aus, als hätte man die Serengeti von den lästigen Elefanten und Raubkatzen befreit und nach Europa versetzt: rote Erde, spärlicher Bewuchs, ein paar Felsbrocken, die sich durch den Boden gepresst haben, dazu eine fantastische Steilküste und Meer in allen Variationen von rau bis sehr rau. Der Campingplatz ist einfach, aber schön in der Mitte vom Nirgendwo in einem hohen Pinienwäldchen gelegen. Ein beständiger Wind sorgt für Abkühlung. Ein Paradies zum Wandern, Laufen und Surfen. Oh ja, das wird ein gesunder Aktivurlaub! Wir werden um Jahre jünger aussehen, wenn wir nach Hause kommen!

Tag 4

Es gab kein Gemüse im nahe gelegenen Café, dafür aber ganz entzückende Puddingteilchen, »Pasteiges« genannt, und dazu Wein, der beinahe keinen Kater hinterlassen hätte, hätte es nicht auch noch Schnaps dazu gegeben. Jedoch läuft der Tag etwas träge an, nachdem wir gestern Abend ausgiebig unsere Ankunft gefeiert haben. Gegen Nachmittag tapsen wir an den nächstgelegenen Strand, wobei der Freund eine ganz motivierte Figur macht, bis er beim Abstieg zum Meer an der Strandbar vorbeikommt, die einen großzügigen Blick auf einen mit Fischen aller Art vollgepackten Grill freigibt, sodass die nächste halbe Stunde

127

von Erholung keine Rede sein kann, da die Nahrungsaufnahme besprochen werden muss. Der Flüssigkeitsverlust durch beständigen Speichelfluss wird fast bedrohlich. Nachdem wir kurz die Füße ins Wasser gehalten haben (ziemlich kalt!), machen wir uns wieder an den Aufstieg, denn wir haben Hunger. Nach den circa zweiundfünfzig Stufen sind wir völlig erschöpft, merken, dass wir keine sechzehn mehr sind, und beenden den Tag mit ausgiebigem Grillen und Bier. Nach dem vierten Bier fühlen wir uns wieder wie fünfzehn, singen *Ärzte*-Songs, spielen zu zweit Flaschendrehen und sind unsterblich.

Tag 5
Wir sind doch sterblich. Wir haben einen so furchtbaren Kater, dass Bewegung in jeglicher Form einem Suizid gleichkommen würde. Gegend Abend geht es wieder, und unser gefühltes Alter gleicht sich der Realität an.

Man muss gar nicht rauchen, wenn man nur genug trinkt. Immerhin habe ich seit fast einer Woche nicht geraucht, es ist schon ein wahnsinnig gesunder Urlaub.

Das denke ich mir, während ich auf dem Klo sitze und die Ameisen beobachte. An der Wand oberhalb des Mülleimers, in den man das Klopapier schmeißen sollte, wenn man Überschwemmungen der unangenehmen Art vermeiden will, hat sich ein solider zweispuriger Ameisenhighway gebildet, und die Jungs haben allesamt ordentlich zu tun. Das ist mir fast zu stressig, dieser permanenten Geschäftigkeit zuzugucken, aber ich traue mich nicht raus, weil draußen vor dem Spiegel immer noch eine Horde französischer Mädchen mit ihren Glätteisen steht, und die sind mir unheimlich. Es ist ja nicht so, dass es hier in näherer Umgebung Diskotheken, Modenschauen, Schulhöfe oder sonst irgendwas gäbe, für das sich ein Aufbretzeln lohnen würde. Es gibt noch nicht einmal andere Teenager! Diese Tatsache begrüße ich sehr, denn obwohl ich mich mit Mona und Lisa im Laufe der Jahre mehr als gut arrangiert habe, machen mich fremde Jugendliche entweder unsicher oder aggressiv. Ich bin da anders als andere Frauen, die sich, einmal von ihrem angenommenen Nachwuchs getrennt, sofort Ersatzbetüddelung suchen müssen. Nein, ich genieße die nörgel- und jammerfreie Einöde. Hier sind, wie gesagt, wirklich KEINE, GAR KEINE Etablissements für ausgehfreudiges Volk in der Nähe, noch nicht einmal eine Bushaltestelle, die Luftfeuchtigkeit ist so hoch, dass sich innerhalb weniger Minuten jedes Haupthaar wieder kräuselt, und außerdem weht ein beständiger Wind. Ich weiß *wirklich* nicht, warum die französischen Mädchen das mit den Glätteisen tun. Vielleicht weil die Frisur sonst unambitioniert wirken würde, wo sie sich doch schon kunstvoll zwölf Pfund Wimperntusche auf die Augen geschichtet haben?

Es ist schrecklich, du findest sie überall: verzweifelte Teenager mit zu viel Taschengeld und Tagesfreizeit, selbst wenn man die eigenen mal zu Hause lässt. Ich würde sie gerne anschreien, aber sie würden mich nicht verstehen. Ich kann kein Französisch, und könnte ich es, würden sie mich trotzdem nicht verstehen. Deshalb warte ich auf dem Klo, bis sie fertig sind, und gucke Ameisenfernsehen. *Die schönsten Ameisenstraßen Portugals.* Ich werde nostalgisch, habe plötzlich einen Ohrwurm von »Words don't come easy« im Kopf und trinke abends zum reichhaltigen Grillen Martini Bianco.

Tag 6
Heute ernsthaft aktiv bewaffnet mit Bodyboard ins Meer gegangen. Nach ungefähr zehn Wellen in eine ungünstige Strömung geraten, die mich in unvorteilhafter Weise über einen mit Hundertmillionen Muscheln bewachsenen Felsen gerieben hat wie eine Möhre über die Gemüseraspel. Aua! Das soll für mich so ziemlich die einzige Verbindung von Sport und Gemüse in diesem Urlaub bleiben. Meine linke Arschbacke sieht aus, als hätte

ich in einem unprofessionellen Dominastudio die Praktikantin
verärgert oder als hätte mich ein mittelgroßer Tiger mit drei Tat-
zen angegriffen. Zöge man mich jetzt über eine Scannerkasse,
würde vermutlich ein Preis angezeigt. Vorteil: Die tiefen Kratzer
überdecken die Dehnungsstreifen an meinem Hintern, die da
sonst herummäandern, und verleihen mir etwas Wildes, Anima-
lisches. Ich kann allerdings schlecht sitzen, was zwar der Aktivität prinzipiell entgegenkommt, passe aber auch in keinen Schuh,
weil auch meine Beine und Füße einmal über die Muschelraspel
gezogen wurden. Und das, wo ich doch morgen mit dem Joggen
anfangen wollte. Na ja, esse ich eben Pasteiges. Habe den Leuten auf dem Campingplatz, die ob meiner kaputten Erscheinung
teils ängstlich, teils ehrfürchtig nachfragten, was ich denn angestellt hätte, fünf unterschiedliche Versionen des Geschehenen
erzählt, die mit dem Tiger war auch dabei. Lasse mich von Martini Bianco trösten, dabei bin ich ziemlich gut gelaunt: Es ist das
erste Mal in meinem Leben, dass ich ohne Fieber und Erkältung
»krank« bin, und »Sportverletzung« klingt wesentlich impo-
santer als »Schnupfen«. »Sportverletzung« klingt, als hätte ich
tatsächlich Sport getrieben. Fühle mich direkt fitter. Zum Glück
bin ich nicht mit dem Gesicht voran über den Felsen geschred-
dert, denn Narben im Gesicht haben vielleicht bei Männern etwas Pirateskes, aber bei Frauen, möchte ich wetten, wären sie
fast so schlimm wie Falten.

Tag 7
Gott sei Dank: Liegen geht ganz gut. Wenn nur der scheiß Wind
nicht wäre! Am Strand fühlt es sich an, als würde man gesand-
strahlt, auf dem Campingplatz fliegen mir Pinienzapfen auf den
Kopf. Zum Glück habe ich, während sich Marcus weiterhin to-
desmutig im Surfen versuchte, erste Kontakte zu den unterschied-
lichen Strandbars geknüpft. Urteil: Nette Leute mit interessanten
Getränken, einer orderte sogar extra für mich eine Sonderladung

Martini Bianco. Habe ihm zum Dank »Words don't come easy« vorgesungen, erntete wenig Verständnis, doch viel Schnaps.

Die nächsten Tage

Wie Woche eins, nur ohne weitere Sportverletzung und großartige Bewegung meinerseits, Marcus beflüstert sein Surfbrett und spricht mit den Wellen. »Sie hören nicht wirklich zu«, sagt er gekränkt. Wir trinken Trostbier. Schmeckt prima zu Pasteiges.

Später

Langsam geht mir der Sand ein bisschen auf den Sack, vom Wind ganz zu schweigen. Immerhin kann ich schon wieder gleichmäßig auf beiden Arschbacken sitzen, alles Weitere erscheint mir noch zu gefährlich. Mein Freund schreit die Wellen an, hat aber beim vielen Ins-Wasser-Fallen ein paar gute Freunde unter den Fischen gefunden und schwimmt mit den Makrelen. Aber die Situation spitzt sich zu: Die Strandbar meines Vertrauens hat einen Martini-Engpass. Da hilft nur entspannen.

Noch später

Bald ist der Urlaub vorbei, und ich bin so entspannt, dass ich mich sehr konzentrieren muss, um nicht zu grunzen statt zu sprechen. Noch eine Woche mehr und ich esse Sand. Meine Muskulatur ist aushäusig, doch ich habe die ganze Zeit nicht geraucht, was total einfach war. So einfach, dass ich jetzt, wo wir gerade so nett mit ein paar anderen Bekloppten beim Grillen zusammensitzen, ja mal eine rauchen könnte. Kurze Zeit später ist klar, dass ich unbedingt eine rauchen *muss*. Marcus sieht mich strafend an, das hätten wir so abgemacht, und ich drücke die Zigarette nach einem halben Zug wieder aus. Verdammt. Ich hasse Abmachungen. Ich *muss jetzt unbedingt* eine rauchen und bin betrunken genug, dass ich mir selbst glaube. Aber ich will nicht, dass Marcus es sieht, also klaue ich jemandem den Tabak vom Tisch und gehe unter dem Vorwand, aufs Klo zu müssen, aufs Klo. Mann, Mann, Mann, zum Rauchen aufs Klo, da kann ich mich auch gleich zu den französischen Teenies stellen, die mittlerweile spanisch sind, aber ebenfalls Glätteisen dabei haben. Als ich mir mühevoll eine Zigarette gedreht habe und sie mir endlich anstecken will, geht das Feuerzeug nicht. Ich schnorre die letzten Streichhölzer einer belgischen Familie, die es sich direkt neben dem Wasch- und Klohaus gemütlich gemacht hat (Belgier!!!), aber der gottverdammte Wind bläst mir jede Flamme aus. Beim herzlichen Fluchen fällt mir die Kippe aus der Hand, das Blättchen geht auf, sie fällt auseinander, und schneller, als ich »piep« sagen kann, sind die Ameisen da und transportieren den Tabak davon. Kooperieren wahrscheinlich mit meinem Freund, die kleinen Biester, aber deutlichere Zeichen kann ich jetzt nicht mehr erwarten. Ich soll nicht rauchen. Gut, gehe ich eben wieder trinken.

Ende des Urlaubs

Die Leute von der Strandbar weinen ein bisschen. Jetzt, wo wir fahren, gehen sie wahrscheinlich pleite. Ich bekomme eine Martini-Ehrenurkunde überreicht. Soll noch einer sagen, ich hätte nichts geleistet in unserem Aktivurlaub!

Manche Dinge kann man nur im Urlaub tun. So wie grellbunte Strandkleider zu Hause sofort zur stofflichen Fehlbesetzung werden, kann ich zu Hause keinen Martini trinken, und das ist wohl auch gut so. Zu Hause muss ich mich auch nicht mehr benehmen wie eine motorisch minderbemittelte Partytouristin um die zwanzig auf Morphium, und zu Hause will ich das auch gar nicht. Eigentlich will ich das noch nicht einmal im Urlaub, aber dieses Mal hat es sehr gutgetan.

Als wir in Köln ankommen, ist es angenehm windstill, bis ich mich auf die Waage stelle.

»Gesunder Aktivurlaub macht dick!«, erkläre ich meinem

Freund nachdrücklich. »Nächstes Mal fahren wir einfach wieder nur so weg!«

Er nickt. »Jetzt gleich?«, fragt er und holt den Autoschlüssel.

»Willst du mich heiraten?«, frage ich zurück, und er sieht mich erstaunt an.

»Ich habe schon eine Freundin«, erklärt er mir. »Allerdings weiß ich nicht, was mit der passiert ist, denn die hat in all den Jahren, sobald ich nur ansatzweise etwas in der Richtung gefragt habe, schon ›Neiiiiiin!‹ geschrien!«

Das stimmt. Marcus hat mich bisher in einem ungefähren Zweijahresrhythmus gefragt, meist in sehr bierseligen Momenten, ob ich nicht irgendwann mal, und für den Fall, dass, dann vielleicht ihn, heiraten wollen würde. Es war nie das große, richtig ernst gemeinte Ding mit Auf-die-Knie-Gehen, nüchtern und mit Blumen in der Hand, sondern eher in der Kneipe, wenn ich uns noch in ein ausverkauftes Konzert geschmuggelt oder ihm gezeigt habe, was man mit einer Oldtimerrückbank noch alles tun kann, außer sie mit neuem Leder zu beziehen. Trotzdem habe ich aus meiner mir selbst auferlegten »Ruhig mal gegen das System«-Haltung und meiner Angst vor offiziellen Dingen, die formal auf länger angelegt sind (Zeitschriftenabo, Hauskauf, feste Arbeitsverträge), heraus immer »Nein!« gequietscht. Gequietscht, um es etwas ins Lächerliche zu ziehen und nicht meine Liebe zu ihm infrage zu stellen, obwohl es mir ein Bedürfnis war, Nein zu sagen. Ich weiß auch nicht, was gerade mit mir los ist. Hat das Ampelmännchen statt meiner gesprochen?

Ich lächle Marcus schief an. »Ich weiß auch nicht, ein Moment der Schwäche vermutlich!«

Marcus lächelt zurück. »Schwäche steht dir, Hatschi«, sagt er. Dann stellen wir unsere Sportschuhe wieder auf die Kellertreppe, wo sie hingehören.

133

noch 62 Tage

VERSUCH MACHT KLUCH

Andrea und ich sitzen in ihrem Wohnzimmer und trinken Prosecco.

»Ich habe keinen Bock mehr auf den Job«, eröffnet sie mir nach dem ersten Glas. »Ich kann nicht mehr. Ich kann es nicht mehr sehen: die stinkigen Backstageräume, die überheblichen Bands, die dich behandeln, als wärst du ein Putzlappen, die auf Subkultur machen, aber gerne so berühmt wären wie Rihanna, diese blöden Veranstalter, dieses Es-ist-nie-gut-genug. Ich bin doch nicht mehr als ein schlecht bezahltes Kindermädchen, das dafür sorgen muss, dass sich keiner umbringt oder schlimmer noch: die Verträge nicht erfüllt!«

»Echt? Ich dachte, genau das wäre dein Ding?«, frage ich verwundert, auch wenn ich Andreas Argumentation durchaus nachvollziehen kann.

»Ich will etwas anderes. Ich will ein schönes Zuhause. Ich will etwas Solides. Muss ja gar kein Freund sein, aber vielleicht einen Hund. Ich will nicht mehr immer unterwegs sein müssen. Ich möchte für meine Arbeit geschätzt werden und nicht nur in

Form von nächtlichem Brüderschafttrinken auf zwei Promille. Verstehst du?«

Ich nicke, bedaure aber spontan die schwindenden Gästelistenplätze und schäme mich dafür.

Es klingelt. Andrea öffnet die Tür, Josie stürmt herein, schmeißt sich auf die Couch, setzt sich, ohne zu zögern, die Proseccoflasche an den Hals, knallt sie anschließend auf den zum Glück robusten Holztisch und blickt finster in die Runde. »Ich hab Olaf erwischt! Bei ihm im Büro mit seiner Sekretärin. Auf seinem Schreibtisch. Sie ist siebenundzwanzig. Es war ekelhaft und so ... demütigend!«

»Wie bitte? Ihr habt schon jeden Tag Sex, und er vögelt auch noch die Sekretärin?! Wie schafft er das denn?«, entfährt es mir.

»Jeden Tag?! Quatsch, oder?« Andrea ist fassungslos, Josie noch fassungsloser. »Sagt mal, spinnt ihr? Ich erzähle euch, dass mein Mann mich betrügt, und ihr bestaunt sein Stehvermögen? Habt ihr sie noch alle?«

»Nein, nein, entschuldige bitte, ich habe *deine* Ausdauer bestaunt«, beeilt sich Andrea zu erklären. »Das könnte ich nicht. Da hätte ich gar keinen Bock zu! Man will doch einfach mal nur im Schlafanzug nebeneinanderliegen und etwas lesen!«

»Das macht sie währenddessen«, platzt es aus mir heraus, Andrea blickt Josie bewundernd an, diese schickt sich an, mir eine zu klatschen. Ich kann gerade noch ausweichen.

»Tut mir leid«, sage ich, rutsche zu ihr herüber, nehme sie in den Arm und frage Andrea, ob sie Vanilleeis dahat.

»Nur Vanilleschnaps«, sagt Andrea, und das ist wohl noch besser.

»Ich habe da nie drüber nachgedacht, ob das unnormal ist, wir sind ja schon so lange zusammen, es war von Anfang an so. Das hat einfach dazugehört, wie Zähneputzen oder so. Aber dass ihm das jetzt nicht mehr reicht ...«

»... ist nicht normal!«, ergänzen Andrea und ich synchron.

135

»Ehrlich nicht. Das ist ... zu viel. Zwanghaft. Falsche Priorität, Sucht, was weiß ich.«

Josie fängt an zu weinen. Andrea formt in meine Richtung lautlos die Worte »Deshalb will ich lieber einen Hund«.

Josie schluchzt: »Er ist doch so ein toller Vater und ein guter Mann, aber ich habe das Gefühl, ich reiche ihm nicht, und öfter kann ich wirklich nicht, ich hab ja auch noch andere Dinge zu tun ...«

»Aber das musst du doch auch nicht!« Andrea rutscht an ihre andere Seite, füllt unsere Gläser nach und redet beschwörend auf sie ein, in erster Linie, um ihren eigenen Schock zu überwinden. »Es muss doch auch nicht alles direkt vorbei sein. Ihr kriegt das bestimmt wieder hin! Es gibt ja ... Therapien.« »Therapie« klingt bei Andrea wie »Strafanstalt«. »Du hast jedenfalls keine Schuld!«, bestimmt sie.

Ich bin still und in erster Linie erschüttert darüber, dass so ein Schnösel wie Olaf so eine wunderschöne, kluge, lustige Frau wie Josie hintergeht und diese daraufhin glaubt, sie sei nicht genug. Selbstzweifel sind wirklich ganz heimtückische Biester, gefährlicher als so mancher Virus und können offensichtlich jeden erwischen. Natürlich weiß man das eigentlich, aber wenn es Personen trifft, die du kennst, liebst und für vollkommen hältst, ist das wie eine persönliche Beleidigung.

»Was ist denn jetzt mit ihm?«, frage ich vorsichtig. »Was hat er gesagt, als du ihn erwischt hast?«

»Weiß ich nicht. Ich bin direkt rausgestürmt. Er hat mich ein Dutzend Mal angerufen, aber ich bin nicht drangegangen. Ich ... ich kann jetzt nicht mit ihm reden. Ich brauche ein bisschen Ablenkung und muss mich beruhigen. Dann kann ich nach Hause und ein Ultimatum stellen, oder was man da so macht, ich ... ich weiß gar nicht, wie das geht, ich hatte doch noch gar keine andere Beziehung.« Ein neuer Tränenbach tritt über die Ufer.

»Vielleicht gehe ich doch noch ein bisschen länger mit doofen Rockbands auf Tour, da weiß man wenigstens, dass gestörte Typen dabei sein können«, sagt Andrea nachdenklich, und Josie lächelt schniefend.

»Vielleicht komme ich mit«, sagt sie.

»Und, Hatschi? Was ist mit dir? Kommst du auch mit? Hast du nicht auch irgendeine Krise?«, fragt Andrea spöttisch.

»Nee, alles im Lot«, will ich sagen, sage aber stattdessen: »Ich werde in zweieinhalb Monaten vierzig und komme damit nicht wirklich klar.«

»Echt?«, fragen beide ungläubig. »Warum? Wie äußert sich das?«

»Es nervt«, erkläre ich. »Es wird schon besser, ich finde es gut, wenn mir jemand in der Bahn einen Sitzplatz anbietet, und ich weiß auch, dass Jungsein im Kopf passiert und nicht nur an den Oberschenkeln, aber ich bin wankelmütig, stelle mich ständig selbst infrage, weiß nicht, was ich will und soll und ... gehe mir selbst total auf den Sack.«

»Es geht dir also wie mir, willst du sagen?«, fragt Andrea grinsend.

»Oder wie mir!«, schließt sich Josie an.

Stimmt: Aus völlig anderen Gründen geht es uns allen ähnlich. Entweder wir gehören alle einer jämmerlichen Randgruppe an oder sind total normal. Weil ich weder Andrea noch Josie für jämmerlich halte, entscheide ich mich für die zweite Option, und es geht mir direkt etwas besser.

Andrea schnipst triumphierend. »Hey, es heißt doch immer, man soll seinen Ängsten ins Gesicht sehen. Oder auf den Arsch, was weiß ich. Bei Josie und mir ist das aber total abstrakt, fangen wir also bei dir an, Hatschi. Und ich weiß auch wie! Wir gehen auf eine Ü-40-Party! Jetzt sofort! Im *Hermanns* ist donnerstags immer Ü-40-Party!« Sie ist Feuer und Flamme. »Du wirst sehen, so schlimm wird's bestimmt gar nicht, und wenn doch weißt du, was du unbedingt vermeiden musst!«

137

»Das weiß ich jetzt schon: Achtzigerjahre-Mode und Phil Collins«, maule ich.

»Nein, das ist eine super Idee!«, pflichtet Josie ihr bei. »Das wird bestimmt lustig. Und ich brauche Ablenkung. Los!«

Wir trinken den Prosecco aus, ziehen die Lidstriche noch einmal nach und machen uns auf den Weg.

Das *Hermanns* ist eine Disco, die jeden Tag andere Zielgruppen mit der immer gleichen Musik bedient: die Hits der Achtziger und Neunziger und das Beste von heute. Als ich das letzte Mal dort war, dachte ich, sie hätten statt eines DJs das Radio laufen, so einfallslos und vorhersehbar war die Liedfolge. Wir betreten den Vorraum, und aus der Tanzhalle schallt uns bereits Melissa Etheridge entgegen. »Baby tell me, does she love you ...« Ich widerstehe dem Impuls, mir die Ohren zuzuhalten, und drehe mich zu meinen Begleiterinnen um. »Wollen wir da wirklich rein?«, frage ich mit einem flehenden Unterton, der den Subtext »NEIN! NEIN! NEIN!« in Leuchtbuchstaben beinhaltet.

»Klar!«, grölen die beiden, und ich befürchte, dass dieser Abend elender wird als jede Junggesellinnenabschiedsparty. An der Kasse sitzt eine dauergewellte Frau mit einem fragwürdig gestylten Pony um die fünfzig, die uns, ohne uns anzusehen, durchwinken will. »Wir dürfen eigentlich noch gar nicht rein«, starte ich einen letzten Versuch in Richtung Kassenwartin. »Wir sind noch gar nicht vierzig!«

»Wat meinste, wie oft isch den Spruch hück Avond schon jehört han, Schätzelein?«, krächzt die ohrenscheinlich starke Raucherin. »Gläuv ja nit, dat isch nach dinge Ausweis froge. Jeh rin oder bliev drusse, mir isset ejal, Frauen jiddet do eh mehr wie jenoch!«

»Das war demütigend!«, zische ich Josie zu, die aber so viel vom Vanilleschnaps gekostet hat, dass ihre Sinnesleistungen bereits etwas zu leiden scheinen, denn sie stürmt sofort auf die Tanzfläche, als »I will survive« ertönt. Na ja, heute hat es bei ihr irgendwie eine andere Bedeutung. Andrea und ich sehen uns um. Es herrscht tatsächlich Frauenüberschuss, und die meisten anwesenden Männer haben ihre T-Shirts in die Hosen gesteckt und zu viel Gel in den Haaren, sofern sie noch über welche verfügen. Es gibt natürlich auch die klassischen Seitenscheitel-und-Pollunder-Typen, die sich noch an ihrem Bier festhalten und warten, bis der Alkohol genügend Wirkung entfaltet, um das Glas durch eine Frau zu ersetzen. Viele Frauen zucken mäßig taktsicher auf der Tanzfläche. Dabei tragen sie fesche Jeansminiröcke oder Karottenjeans und kleine Handtäschchen mit dünnen Riemen diagonal über der Schulter und singen lautstark mit, als die *Weather Girls* Männer regnen lassen. Der Wunsch und die damit verbundene Verzweiflung ist fast greifbar, die Klischeedichte unfassbar hoch, aber vielleicht bilde ich mir das auch nur ein.

»Ist eine Ü-40-Party eigentlich dasselbe wie eine Singleparty?«, schreie ich Andrea ins Ohr, die mit einer ähnlichen Mischung aus Faszination und Mitleid auf die Tanzfläche starrt.

»Nein. Weniger Auswahl«, schreit Andrea zurück. In diesem Moment kommt Josie von der Tanzfläche zurück, und ich meine, bei mindestens zwei Männern, an denen sie vorbeizieht, eine erhöhte Speichelproduktion auszumachen.

»So, Freunde, genug alleine gezappelt, ich lege was Schmissiges rein und ihr eine flotte Sohle aufs Parkett! Salsa, wem Salsa gebührt, jetzt wird's heiß, jetzt wird's südamerikanisch, jetzt geht's los, die Herren: Schnappt sie euch!«

Ich starre Andrea entgeistert an: »War das der DJ oder ist hier ein Karussell versteckt, das ich übersehen habe?«

Andrea ist genauso überrascht, und wenig später sehen wir uns von fünf Männern umringt, die immer näherkommen und nur ein Ziel haben: Josie. »Ach, warum nicht?«, sagt sie lachend und nimmt den dargebotenen Arm des schnellsten Bewerbers, den sie um einen Kopf überragt. Bevor die anderen vier uns als

Alternative registrieren, habe ich schon Andrea geschnappt und wirbele sie herum.

»Das ist Salsa?«, japst sie skeptisch, als ich sie in eine raffinierte Drehung verwickle.

»Discofox«, trumpfe ich auf, »kann man auf alles tanzen!«

Kann man tatsächlich, wenn man die irritierenden Triolen der Kongas ausblendet. Aufmerksame Beobachter könnten gerade feststellen, dass wir den unrhythmisch zuckenden Frauen im Bereich Taktlosigkeit erheblich Konkurrenz machen, doch nach ein paar Minuten lässt sich nicht verleugnen: Es macht richtig Spaß! Auch ohne Senioren! Mir zumindest, Andrea jault immer wieder auf und zeigt auf ihre Füße, macht aber keinerlei Anstalten, unser Gehopse zu beenden. Josie holt mehr Sekt, und als die Paartanzphase vorbei ist und der DJ wieder »Freie Fahrt für alle!« ansagt, finde ich mich auf der Tanzfläche wieder, laut *Prince'* »Kiss« mitsingend.

»Also, wenn man nicht auf Partnersuche ist, ist es richtig lustig hier!«, resümiert Josie später am Abend. Trotzdem versichern wir uns, dass dieser Abend vorerst unter uns bleiben soll. Wir sind gar nicht so betrunken, weil wir alle Flüssigkeit direkt beim Tanzen wieder ausgeschwitzt haben, das zählt bestimmt auch als Sport. Und wahrlich: Die Zukunft hat etwas von ihrem Schrecken verloren, denn man muss nur das nehmen, was man auch nehmen will: ob Getränk, Klischees oder Tanzpartnerin.

noch 47 Tage

SCHÄFCHEN ZÄHLEN

Ich sitze in Jogginghose und Bademantel bei einem ausgedehnten Morgenkaffee am Frühstückstisch, meine wollbestrumpften Füße hochgelegt und ein opulent belegtes Camembertbrötchen in der Hand, als mein Handy klingelt. »Papa« steht auf dem Display. Obwohl meistens meine Mutter anruft, habe ich die Nummer meiner Eltern unter »Papa« gespeichert. Was will ich mir damit sagen? Keine Ahnung.

»Hallo, Hatschi. Wie geht es dir? Du hast doch bestimmt Zeit, oder hast du endlich einen richtigen Beruf?«, begrüßt mich meine Mutter.

Jetzt weiß ich wieder warum: Wunschdenken. Mein Vater ist nicht so doof am Telefon.

»Hallo, Mama. Ich habe viele richtige Berufe, und was machst du gerade so?«, antworte ich patzig. Ich kann nicht anders, doch meine Mutter hört routiniert darüber hinweg.

»Schön, dass du fragst, wir haben nämlich ein kleines Problem. Die Schafe müssen dringend geschoren werden, genauer gesagt haben wir damit schon angefangen. Aber dein Vater hat sich gestern wegen Harald die Schulter ausgerenkt, und jetzt sind wir ein bisschen aufgeschmissen. Alleine kann ich das nicht, und ...«

»Wer ist Harald?«, unterbreche ich sie.

»Unser neuer Merino-Widder. Ganz tolles Tier, groß, kräftig, wunderschöne Wolle!« Diesen schwärmerischen Tonfall bekommt meine Mutter nur bei Schafen und Filmen mit Robert Redford (ab und zu auch bei Brad Pitt, weil er Robert Redford so ähnlich sieht). Manchmal auch bei meinem Vater, vielleicht weil er alle ihrer Ansicht nach erstrebenswerten Attribute von Schaf und Redford in sich vereint.

»Was hat Harald mit Papa gemacht?«

»Ach, dein Vater hat sich da irgendwie ungeschickt angestellt. Ist ja auch nichts Schlimmes, aber er kann weder scheren noch die Schafe festhalten. Man kann das locker zu zweit machen, und normalerweise helfen uns Leni und Klaus, dieses nette junge Pärchen aus dem Dorf, die haben darin schon viel Erfahrung, aber die müssen unter der Woche ja ganz normal arbeiten. Da dachte ich, du hast doch bestimmt Zeit! Außerdem kann das wirklich jeder, der zwei gesunde Arme zur Verfügung hat.«

Ich weiß nicht genau, was mich mehr empört: dass meine Mutter denkt, ich wäre abrupt verfügbar, weil ich »keinen richtigen Beruf habe«, oder dass es gerade sogar stimmt. Es stehen tatsächlich in den nächsten zwei Tagen keine Aufträge an. Ich bin trotzdem pikiert angesichts der Tatsache, dass, erstens, meine Kernkompetenzen ihrer Ansicht nach darin bestehen, dass ich »keinen richtigen Beruf, dafür aber zwei gesunde Arme« habe, und ich, zweitens, dennoch nur die Notlösung bin, weil »Leni und Klaus« ihr ja anscheinend lieber gewesen wären.

»Könnt ihr nicht bis zum Wochenende warten, bis Leni und Klaus wieder Zeit haben?«, frage ich spitz, um nicht direkt zugeben zu müssen, dass ich wirklich gerade keinen Jobauftrag habe.

»Ach Hatschi, am Wochenende soll es wieder regnen, und die

Schafe dürfen jetzt nicht mehr nass werden. Darum stehen sie schon seit zwei Tagen im Stall und werden langsam unruhig, sei nicht albern und komm her, wenn du kannst, das würde uns sehr helfen. Wir zahlen dir natürlich auch die Fahrtkosten. Oder hast du etwa wirklich keine Zeit?«

Um mir ein letztes bisschen Würde zu bewahren, sage ich: »Ihr braucht mir keine Fahrtkosten zu zahlen. Ich bin gegen vier bei euch.«

»Gut. Bis später!«

Während ich im Zug sitze, überlege ich, wie meine Mutter es schafft, immer in den Momenten anzurufen, in denen ich wirklich nichts zu tun habe und sie sich somit in ihren Vorurteilen bestätigt sieht. Andererseits hat sie einfach ein gutes Händchen für Glückstreffer, sie hat nämlich auch den Lottoschein ausgefüllt, der die Grundlage ihres schnuckeligen Bauernhäuschens mit großem, alten Obstgarten und den mittlerweile neununddreißig Schafen bildete, ach nee: vierzig, Harald ist ja neu. Abgegeben hat den Schein jedoch mein Vater, und das beschreibt ihre Beziehung ziemlich gut: Meine Mutter kreuzt an, mein Vater sorgt dafür, dass die Kreuze auch etwas bringen. Mein Vater wandelt die Impulse meiner Mutter in etwas um, das Sinn macht und womit beide glücklich sind. Meine Mutter wäre vielleicht vor vierzehn Jahren mit dem einzigen Lottoschein, den sie je ausgefüllt hat, zu Hause geblieben, weil sie immer geglaubt hat, dass Lottospielen Schnickschnack sei. Sie ist eher der pragmatische, pessimistische Typ, der sieht, was alles noch gemacht werden muss und was fehlt. Mein Vater füllt diese Lücken auf, ohne die er vielleicht gar nichts mit sich anzufangen wüsste. Darum genießt meine Mutter zwar ihren Lottogewinn, bemüht sich aber, die Arbeit und den Alltag nicht aus den Augen zu verlieren, vor allem bei mir.

Ich weiß, oder ich hoffe zumindest, dass sie nur aus Sorge um mich ständig fragt, ob ich genug Arbeit habe, und dass sie einfach nicht so gut darin ist, das anders auszudrücken. Im Direkt-kontakt wird dieses Wissen von meinem Teenager-Ich verdrängt, das meint, sich ständig in diesem pubertären Tonfall für sein Handeln rechtfertigen zu müssen. Das Kind bleibt eben das Kind seiner Eltern, auch wenn es schon fast vierzig ist.

Am Bahnhof angekommen, atme ich tief durch. Ich muss noch anderthalb Kilometer zu Fuß gehen, aber da ich kein schweres Gepäck mit mir trage außer meinen grummelnden Gedanken, ist das eher angenehm. Die frische Seeluft und der Marsch am Deich entlang tut sehr gut. Ich nehme mir vor, entspannt zu blei-ben und souverän mit aller Kritik an meinem Berufsbild umzu-gehen.

»Hallo, Hatschi, schön, dass du da bist!«, begrüßt mich mei-ne Mutter und umarmt mich kurz, bevor sie mich energisch in Richtung Küche schiebt. »Du hast doch bestimmt noch nichts gegessen, hier, ich hab dir ein paar Brote gemacht, wir haben eine neue Käsesorte entwickelt, die musst du probieren!«

»Das ist lieb, aber ich habe gerade gar keinen ...«

»Guck mal, sieht der nicht lecker aus? Henning, schneid Hat-schi doch mal ein Stück vom neuen Hartkäse ab!«

»Mama, ehrlich, ich bin total satt, ich ...«

»Hallo, Hatschi!« Mein Vater strahlt mich an und drückt mich einarmig an sich, sein rechter Arm steckt in einem Drei-eckstuch. »Toll, dass du uns hilfst. Hier, probier mal, hat deine Mutter erfunden!« Er stopft mir einen Käsewürfel in den Mund. »Wie geht es Marcus und den Zwillingen? Ihr müsst bald mal wieder zusammen herkommen! Wir haben jetzt endlich die ehe-malige Waschküche renoviert, das ist ein tolles Gästezimmer für die Mädels. Erzähl, was treibt ihr so?«

Mein Vater teilt die Angewohnheit vieler Zahnärzte, immer dann Antworten zu erwarten, wenn man gerade nicht sprechen kann. Ich würge den Käse herunter, der zwar lecker, aber ziem-lich trocken ist.

»Alleschgut«, nuschele ich deswegen nur, er gibt sich damit zufrieden.

»Also wenn es dir nichts ausmacht, würde ich gern direkt anfangen, wir können heute noch ein paar Schuren schaffen! Gut, dass du schon die richtigen Klamotten für den Stall anhast.« Meine Mutter schiebt mich schon wieder, diesmal aus der Küche heraus in Richtung Hof.

»Das sind meine ganz normalen Klamotten, Mama!«, empöre ich mich.

»Ja ja, jetzt komm mal hier rüber!«

Der Stall ist vielmehr eine Scheune, in der die Herde sich so frei bewegen kann, wie es der großzügige Platz zulässt. Meine Mutter öffnet die Tür, und vierzig Paar Schafsaugen sehen mich abschätzend an. Dann setzt ein ohrenbetäubendes Mähen und Blöken ein. Niemand, der jemals in einer Schafherde gestanden hat, kommt auf die Idee, dass Schäfchenzählen einschläfernd wirkt! Sie produzieren nur unwesentlich weniger Dezibel als eine Großbaustelle. Wer außerdem glaubt, Schafe seien dumm, der täuscht sich ebenfalls: Schafe sind in der Lage, die Gesichter von Mitgliedern ihrer Herde sogar auf Fotos wiederzuerkennen (fragen Sie mich nicht, wie der dazugehörige Versuch ausgesehen hat), die Schafe meiner Eltern merken jedenfalls sofort, dass ich keine von ihnen bin. Und was diese Tiere sonst noch für Unsinn im Kopf haben, kann man ja in jeder *Shaun-das-Schaf*-Folge sehen. Ein Widder, der in einem wilden Zickzackmuster geschoren ist, guckt mich besonders frech an. Er hat imposante Hörner.

»Das ist Harald«, sagt meine Mutter stolz. »Ist er nicht schön? Komm, mit dem fangen wir an, der kann ja so nicht rumlaufen!«

»Und was soll ich jetzt machen?«, frage ich unsicher.

»Du hältst ihn fest, ich schere. Hier ist ein Strick, den legst du ihm um den Hals und führst ihn rüber in die Box!«

Ich bin zwar auf dem Land groß geworden und habe keine

145

Angst vor Tieren, aber Harald hat ein merkwürdiges Funkeln in den Augen.

»Wie hat sich Papa eigentlich den Arm ausgekugelt?«, frage ich, während ich Harald den weichen Führstrick um den Hals lege und dann ermunternd daran ziehe. Er rührt sich kein Stück.

»Ach, er hat da eine ungeschickte Drehung ...«, sagt meine Mutter, doch in dem Moment dreht Harald sich blitzartig um und rennt eine Schneise durch seine Mitbewohner. Da ich aus alter Gewohnheit (niemals die Zügel loslassen, wenn man runterfällt, niemals!) den Strick festhalte, schleife ich also hinter ihm her, erst auf den Füßen, dann auf dem Bauch. Als Harald aus unerfindlichen Gründen nach mehreren Runden genauso plötzlich anhält, wie er losgelaufen ist, habe ich ein ziemlich zerschrammtes Kinn, eine Handvoll Erde gemischt mit Schafscheiße im Mund, bin mit Stroh gespickt und sehe aus wie ein Igel. Immerhin sind meine Arme noch da, wo sie hingehören.

»Ja, genauso war das beim Papa auch«, kommentiert meine Mutter trocken.

Ich spucke aus, röchle ein wenig und gucke sie vorwurfsvoll an. »Hättest du mir das nicht früher sagen können?«

»Ich weiß doch nicht, dass das Haralds Masche ist, wir kennen uns ja noch nicht richtig«, gibt sie zurück. Unterdessen hat sie den Bock am Strick gepackt und führt ihn zur Box. Er trottet lammfromm hinter ihr her. So ein falsches Schaf!

»Ich lege ihn jetzt hin und du hältst seine Füße fest«, kommandiert meine Mutter und ist anscheinend bereit, die Frucht ihres eigenen Leibes wild zappelnden Schafsfüßen auszusetzen.

Mit einem judomäßig anmutenden Handgriff rollt sie das Tier tatsächlich blitzschnell auf die Seite, wo es genauso verblüfft liegenbleibt, wie ich es anstarre.

»Los, los, festhalten!« Ich greife fest zu, die Schermaschine surrt, und Haralds Verblüffung wandelt sich in Entspannung.

»Die mögen das nämlich eigentlich gerne, wenn die ganze

Wolle runterkommt und die Parasiten weg sind und nichts mehr juckt«, erklärt die Schafflüsterin.

»Parasiten?«, erkundige ich mich leicht verschreckt.

»Ist er nicht schön? So kräftig! Und so eine hochwertige Wolle! Mit dem kann man züchten!«, schwärmt sie.

»*Parasiten?*«, wiederhole ich lauter.

»Ich wette, wenn wir den mit Luise paaren, kommen da super Lämmer raus!«

»WAS FÜR PARASITEN, Mama?« Ich sehe mich schon mit eitrigen Beulen und Wurmbefall in der Uniklinik liegen, weil meine Mutter mir noch weitere interessante Informationen vorenthalten hat, die den Umgang mit Harald betreffen.

»Die sind für den Menschen nicht gefährlich«, beruhigt sie mich. »Herrje, Charlotte, glaubst du, ich würde dich irgendwelchen Krankheitserregern aussetzen?«

Wortlos zeige ich auf mein zerschrammtes Kinn, sie rollt mit den Augen.

»Du wirst noch ein richtiges Stadtkind!«, schimpft sie. »Hol lieber Emilie, das ist die hübsche braune Heidschnucke in der Ecke!«

Ich entlasse Harald in den Schutz seiner Herde, er nimmt es gelassen. Emilie zeigt sich von Anfang an sehr umgänglich.

Wir arbeiten schweigend, ein Schaf nach dem anderen lässt die Hüllen fallen, es gibt keine weiteren Eskapaden.

»Du machst das gut«, sagt meine Mutter nach einer Weile. »Fast so gut wie Papa. Der hat auch so eine beruhigende Wirkung.«

»Auf dich oder auf die Schafe?«

»Auf alle«, meint sie versöhnlich.

»Wer weiß, vielleicht zählen die Schafe ja abends zum Einschlafen Menschen«, sinniere ich, und meine Mutter lacht.

»Feierabend für heute«, sagt sie schließlich. Es sind nur noch sieben Schafe im Winterlook. »Die machen wir morgen nackig.«

147

»Alles noch dran?«, grinst mein Vater scheinheilig, als ich die Küche betrete.

»Bei mir ja, bei den Schafen nicht«, antworte ich hochmütig. Er lacht. »Super, dann kann deine Mutter bald wieder spinnen. Wolle, meine ich.« Er zwinkert. »Toll, dass du uns so spontan geholfen hast. Wir wissen das sehr zu schätzen, Hatschi.«

Ich bin ziemlich erledigt und sauge die netten Worte auf wie ein Schwamm. »Spricht Mama manchmal so gut über mich wie über die Schafe?«, will ich wissen.

»Natürlich! Aber anders. Und sei froh darüber, du möchtest wahrscheinlich nicht über deine Haarqualität oder deine Zeugungsfähigkeit definiert werden, oder?«

»Über wessen Zeugungsfähigkeit sprecht ihr? Hatschi, bist du schwanger? In deinem Alter?! Warum sagst du denn nichts? Dann kannst du doch nicht zwischen zappelnden Schafen herumturnen! Jesses!« Meine Mutter betritt die Küche und japst, als wäre sie schwanger. Ich gebe Entwarnung, und sie sieht zu gleichen Teilen enttäuscht und erleichtert aus.

Beim Abendessen reden wir über dies und das, mein Vater gibt den Entertainer, meine Mutter knufft ihn bei jedem Witz spielerisch in seine gesunde Seite, es werden keine weiteren Fragen nach meiner Lebensplanung gestellt, und so bleibt es harmonisch.

Weil dieses Haus nicht das Haus ist, in dem ich groß geworden bin, gibt es kein altes Kinderzimmer mehr. Ich bin froh darüber, weil ich zwar eine schöne Kindheit hatte, aber ich schon kindisch genug werde, wenn ich meine Eltern besuche.

Nachdem wir am nächsten Tag die verbliebenen sieben Schafe von ihrem Winterkleid befreit haben, dusche ich so heiß wie selten zuvor (das mit den Parasiten hat mir doch keine Ruhe gelassen).

Als ich mich verabschiede, drückt mir meine Mutter einen großen Korb voller Käse und anderer Vorräte in die Hand, denn ihre zweite Sorge nach meinem unsteten Berufsleben gilt meiner ihrer Ansicht nach unausgewogenen Ernährung. Für meine Mutter ist alles unausgewogen, was nicht zu fünfzig Prozent aus Schafsmilch besteht, außerdem hat sie Angst, dass ich Marcus nicht ausreichend füttere. »Der arme Junge arbeitet doch so viel«, sagt sie immer.

»Ich auch«, kontere ich, und sie nickt beschwichtigend. »Ja, du auch.«

Ich nicke triumphierend und komme mir gleichzeitig ziemlich dämlich vor. Es passt gar nicht in mein übliches Weltbild, mich über mein Arbeitspensum definieren zu müssen. Dachte ich bisher zumindest. Diese dunkle Seite kann nur meine Mutter aus mir herauskitzeln.

»Komm gut nach Hause«, befiehlt mein Vater. »Ruh dich mal aus.«

»Und ruf mal a-han«, schmettert Mutter mir noch hinterher. Ich verkneife mir ein »Ruf du doch an«, weil ich wirklich nicht so furchtbar trotzig sein möchte. Es klappt, ohne dass ich platze. Geht doch. Vielleicht werde ich ja noch ein erwachsenes Kind meiner Eltern.

noch 17 Tage

ES IST NICHT ALLES GUT, NUR WEIL'S PERFEKT IST

Manchmal gibt es Tage, an denen werden deine sämtlichen, mit großer Mühe anerzogenen oder selbst erworbenen Vorurteile und Befürchtungen Lügen gestraft, und alles ist anders, als es zu sein scheint. Es fängt damit an, dass du morgens um Viertel nach sechs die pubertierende Brut deines Freundes wecken musst und diese dich nicht mit schlimmsten Flüchen bedeckt, heult oder kreischt, sondern dich anlächelt und fast sofort aus dem Bett springt, leichtfüßig und ohne sich gegenseitig vor der Badezimmertür zu massakrieren, und das alles, obwohl niemand in der Kleingruppe Geburtstag hat.

Sie machen sich fertig, gehen pünktlich aus dem Haus und hinterlassen nichts, was aussieht wie ein Kriegsschauplatz, und es wird sich auch später nicht herausstellen, dass es eine Sechs in Mathe gegeben hat, die es stimmungsmäßig vorzubereiten galt.

Ich lege mich noch einmal hin, weil ich später noch einiges vor mir habe, und obwohl es mitten am Tage ist, klingelt weder das Telefon noch der Postbote, kein Nachbar nimmt spontane Umbauarbeiten mit Bohrmaschine oder Kettensäge vor, und selbst die Nachbarkatze nimmt eine Auszeit von ihrem Dauerklagen, sodass ich ungestört zwei Stunden schlafen kann.

Als ich mir am frühen Nachmittag an der Bushaltestelle eine Zigarette anstecke, kommt kein Bus. Er kommt exakt, nachdem ich die Kippe ausgetreten und weggeschmissen habe. Vor lauter gemütlichem Rauchen und Mich-darüber-Wundern, dass Murphy's Law heute außer Kraft gesetzt ist, habe ich allerdings vergessen, mir einen Fahrschein zu ziehen, doch die sonst sehr gewissenhaft kontrollierten Transportmittel bleiben heute unüberwacht, und ich gelange straffrei und obendrein gratis in die Südstadt zu meinem Kumpel Frank.

Frank betreibt eine florierende Bandbusvermietung im Niedrigpreissegment. Im Klartext: Er hat zwischen zehn und fünfzehn Renault Trafics, die allesamt aus der Zeit vor der Jahrtausendwende stammen und die er sehr günstig an mittellose Punkrockbands vermietet. Meist ist ungefähr die Hälfte der Fahrzeuge nicht fahrtüchtig und muss repariert werden, die rollende Hälfte allerdings bringt ihre Insassen meistens sicher ans Ziel. Zum Ausgleich für die nicht ganz neuwertige Hardware ist Frank deutlich günstiger als andere Autovermietungen, dafür jedoch viel stilvoller: Jedes Gefährt ist ein Unikat, da selbst bemalt.

Die wilden Systemkritiker, die seine Gefährte benutzen, scheuen ja generell das Risiko nicht und nutzen sein Angebot reichlich und mit großer Zufriedenheit. Selbst die eine Band, die wirklich mal wegen eines gerissenen Kupplungsseils einen Gig nicht rechtzeitig erreicht hat, war Frank im Nachhinein sehr dankbar: Während sie auf dem Standstreifen der Autobahn auf den Abschleppdienst warteten, haben sie einen ihrer besten Songs geschrieben – mit echter Streetcredibility und Wut im Bauch.

Die Busse sind von innen liebevoll mit laminierten Bandpostern tapeziert, mit Comics, Musikzeitschriften, Playstations und kleinen Monitoren ausgestattet, für den Zeitvertreib unterwegs und damit dem Bassisten bei einer Panne nicht langweilig wird (der schreibt ja meistens keine Songs). Außerdem hat Frank einen hervorragenden Service, lässt sich auch nachts aus dem Bett klingeln, um zur Not betrunkene Bands selbst nach Hause zu chauffieren.

Da sich aber nicht mal Frank zweiteilen kann und er heute unbedingt mal seiner Frau den Vorzug gegenüber seiner Werkstatt geben will, springe ich ein. Ich habe zwar keine Lust, mich zur Hauptverkehrszeit durch eine der baustellenreichsten Zonen Deutschlands zu stauen, aber hey: »Einem geschenkten Job guckt man nicht in den Kopp«, hat meine Oma immer gesagt.

Recht hat sie. Ich soll nun also ein Mitglied von Franks französischer Flotte zu einer wartenden Band nach Hamburg bringen. Es ist ein besonders bunt bemalter Trafic mit der Aufschrift »Zirkushunde«, weswegen das Fahrzeug bei jeder Pinkelpause von neugierigen Mädchen und latent gewaltbereiten Tierschützern umgeben ist, die den Transport von Tieren in diesem Gefährt für unzumutbar erklären. Sie trollen sich aber alle ohne Diskussionen schnell wieder, sobald ich ihnen die wahre Bestimmung des Busses vermittelt habe.

Ich komme ohne jeden Stau in Hamburg an und finde direkt einen Parkplatz vor der Kaschemme, in der die Band auf mich wartet, was nicht nur an ein Wunder grenzt, sondern guten Gewissens als eines bezeichnet werden darf. Viele Bands finden es sehr lustig, mit einem Bus unterwegs zu sein, auf dem »Zirkushunde« steht und in dem sich stattdessen krakeelende Randgruppenangehörige lümmeln, deren größtes Kunststück darin besteht, sich beim Besoffen-Stagediven nicht den Hals zu brechen. Zumindest erzählt Frank immer wieder, dass sich viele Bands um diesen Bus reißen.

Ich habe bisher bei zwei von zwei Malen ausgerechnet die Bands erwischt, die vegan, politisch korrekt bis zur Selbstverleugnung, extrem spaßfrei und wahrscheinlich nur auf Tour waren, damit sie zu Hause niemandem auf den Geist gingen.

Ich überprüfe also noch einmal meine Argumentationslinie, mit der ich konträr eingestellten Formationen das Automobil schmackhaft machen kann. Sie besteht im Wesentlichen aus dem Punkt »Dann nehme ich das Teil eben wieder mit, viel Spaß dabei, das Schlagzeug in die Bahn zu laden«.

Die drei Männer und zwei Mädchen, die jetzt auf mich beziehungsweise den Bus warten, nennen sich aber auch ausgerechnet »Mad Dogs« und freuen sich wie ein Wurf Welpen, als sie das Auto sehen. Wir trinken ein Bier, auf das der Fahrer von sich aus verzichtet, und ich mache mich auf in Richtung Heimat.

Auf dem Weg zum Bahnhof schlendere ich in der Dämmerung noch einmal schnell über die Reeperbahn, begegne dabei weder Olivia Jones noch irgendwelchen Junggesellenabschieden und werde in der U-Bahn auch nicht von aufdringlichen Akkordeonspielern verfolgt.

Im Gedränge der Bahnhofshalle spricht mich ein Roma-Mädchen an und will mir freundlich, aber energisch eine Rose andrehen. Ich wehre ab, in dem Moment werde ich von einer vorbeidrängelnden Menge geschubst, meine Handtasche rutscht von meiner Schulter und droht, im Gewühl zu verschwinden, ich halte sie am Träger fest und ziehe sie mit einem Ruck zu mir. Die Schnallen sind aufgegangen, und als ich wieder aufschaue, steht das Roma-Mädchen vor mir und hält mir mein Portemonnaie entgegen.

»Du musst aufpassen!«, erklärt es mir. »Viel schlechtes Volk hier«, und deutet auf eine Gruppe herumlungernder Möchtegerngangsterrapper. Es gibt immer wen, der einen noch schlechteren Ruf hat. Alles in meiner Handtasche und in meinem Portemonnaie ist an Ort und Stelle.

Ich kaufe dem Mädchen einen Strauß Rosen ab, mir ein Ticket und gehe zum Gleis. Im ICE begrüßt der Schaffner jeden Einzelnen mit einem schmetternden »Moin!«, und obwohl meine BahnCard seit zwei Tagen abgelaufen ist, nickt er mir lächelnd zu und knipst die Zange in meinen Fahrschein. Ich schenke ihm meinen Strauß Rosen, denn wer nimmt, muss auch geben können. Während er die nächsten Reisenden kontrolliert, klingelt sein Handy. Der Klingelton ist *Snaps* »I got the power«.

»Das hat Stil«, denke ich und lehne mich in meinem Sitz zurück. Ich nicke ein. Als ich wieder wach werde, liegt in der Sitzbank mir schräg gegenüber eine junge Frau im Tiefschlaf, leicht schnarchend. Die Tür zu unserem Großraumabteil geht auf, und zwei Polizisten in Uniform schieben sich durch den Gang. Als sie die schlafende Frau sehen, bleiben sie kurz stehen. Ihr ist im Schlaf der kurze Rock so hochgerutscht, dass man das obere Bündchen ihrer halterlosen Strümpfe und das untere Bündchen ihrer Unterhose sehen kann. Der eine Polizist grinst, deutet mit dem Kinn in ihre Richtung und flüstert seinem Kollegen etwas zu. Der nickt ebenfalls, beide betrachten die Schlafende einen Augenblick zu lange, als dass es eine reine Registrierung der Situation sein könnte, und setzen dann ihren Weg fort. »Scheiß Bullen«, denke ich. »Blöde Chauvi-Clowns!«

Doch nach wenigen Schritten bleibt der eine stehen, dreht sich um, kommt zurück, zieht seine Uniformjacke aus und breitet sie wie eine Decke über die schnarchende Lady. Dann platzieren sie sich zwei Reihen weiter, der eine setzt einen Kopfhörer auf, der andere zieht »Harry Potter« Band 5 aus seiner Tasche. – Ich habe selten eine irritierendere Situation erlebt und bin irgendwie gerührt. Was erwartet mich heute noch? Wird in Russland die Meinungsfreiheit ausgerufen, aus der NSA ein neuer Telefonanbieter gemacht und der Klimawandel gestoppt?

Ich komme pünktlich und ohne Zwischenfälle zu Hause an. So glatt, wie heute alles gelaufen ist, hätte ich Lotto spielen sollen, denke ich, als ich die Küche betrete. So viel Harmonie und Reibungslosigkeit beunruhigen mich.

Marcus sitzt am Küchentisch. Komisch, das ist so gar nicht seine Zeit, normalerweise schläft er schon. Er sieht mich ernst an.

»Es tut mir so leid, Charlotte«, sagt er, und meine Alarmglocken schrillen, denn Charlotte nennt er mich nur, wenn es wirklich nicht mehr lustig ist. »Frau Kronejung ist tot. Silvana hat vorhin angerufen.«

Murphy ist ein Arschloch.

noch 14 Tage

ES SIND DOCH NICHT NUR DIE HORMONE

Marcus ist zur Beerdigung mitgekommen, wir sitzen neben Silvana und einigen anderen Pflegerinnen in einer der hinteren Reihen der kleinen Trauerkapelle. Es sind nicht sehr viele Trauergäste da, etwa fünfzehn, die meisten sind Bewohner des Altenheims, und noch ein paar ältere Männer und Frauen, die ich des Öfteren beim Tanztee gesehen habe. In der ersten Reihe sitzt Kristin, und mir wird bewusst, wie lange ich sie nicht gesehen habe. Sie trägt ein schlichtes, aber teuer aussehendes schwarzes Kostüm und einen schwarzen Hut mit Halbschleier, den Frau Kronejung bestimmt für angemessen befunden hätte.

»War sie da, als ihre Mutter starb?«, frage ich leise.

Silvana nickt: »Ich glaube, Elfi hat nur drauf gewartet. Sie hat ja körperlich ziemlich abgebaut in den letzten Wochen. Das hat ihr auch im Herz viel Kraft geraubt. Kristin musste ihren Besuch viermal verschieben wegen Verpflichtungen auf der Arbeit, und als sie dann endlich da war, hatte Elfi, glaube ich, einfach genug und das Warten satt. Sie hat in den letzten zwei Tagen viel wirres Zeug geredet, aber zwischendurch war sie sehr klar und hat Kris-

156

tin alles gesagt, was sie sagen wollte, meint diese zumindest. Als ich dann mittags ins Zimmer kam, um sie zum Essen zu holen, lief *Der Doktor und das liebe Vieh*. Sie lag angezogen im Bett, in ihrem guten roten Kleid, mit Baskenmütze auf und sah aus, als würde sie schlafen. Sie hat gelächelt.«

Silvana putzt sich geräuschvoll die Nase, und auch mir steigen wieder die Tränen in die Augen. Ich hätte nicht gedacht, dass mich der Tod von Frau Kronejung so traurig machen würde, wohl weil ich nie darüber nachgedacht habe. So alt sie auch war: Ich hatte ihren Tod einfach nicht auf dem Plan.

»Ich habe mich nicht von ihr verabschiedet«, sage ich, und meine Stimme kippt. Marcus legt tröstend den Arm um mich. »Doch, hast du. Jedes Mal, wenn du gegangen bist. Ich meine, da war nie etwas ungeklärt zwischen euch, oder?«, fragt er, und auch Silvana schüttelt den Kopf.

»Ich habe ihr ja auch nur die Haare gemacht, was soll da offenbleiben? Trotzdem, das ist ... scheiße, dass sie sich einfach so vom Acker macht!«

Silvana lächelt: »Wahrscheinlich hat sie einfach die Gelegenheit beim Schopf gepackt, bevor es schlimmer wurde. Du kennst doch ihre Einstellung!«

Der Pfarrer hält eine schöne Rede, dann steht Kristin auf und erzählt warmherzig unter Tränen ein paar Anekdoten aus dem Leben ihrer Mutter. Vor dem Sarg steht ein gerahmtes Foto, das Frau Kronejung als junge Frau zeigt, bildhübsch, mit funkelnden Augen und herausforderndem Blick, die unvermeidliche Baskenmütze in korrektem Winkel auf den vollen schwarzen Locken. Auf dem Friedhof tritt, nachdem der Sarg ins Grab gelassen wurde, die Pflegerin vor, die auch schon auf Frau Kronejungs Geburtstag gesungen hat, und gibt noch einmal »Ich weiß nicht, zu wem ich gehöre« zum Besten, und niemand empfindet es als unpassend.

»Misch die Engel auf, Elfi!«, ruft Herr Burmeister, als er einen Strauß roter Rosen auf den Sarg fallen lässt.

»Bis bald, Elfi«, murmelt Herr Sundermann und legt ihr ein schreiend buntes, mit Glitzersteinchen beklebtes Schmuckdöschen in Form eines Froschkönigs neben den Grabstein. Es würde mich wirklich interessieren, wo er das geklaut hat, denn es ist selbst für die Modeschmuckboutique zu kitschig.

Als ich im Anschluss an die Zeremonie Kristin umarme und ihr mein Beileid ausspreche (ein Moment, vor dem mir entsetzlich graute, denn wie macht man das richtig? Wie findet man die richtigen Worte? Gibt es überhaupt die richtigen Worte, und wo stehen sie geschrieben? Warum bringt einem das keiner bei?!), hält sie mich fest gedrückt und bedankt sich für meine langjährige Unterstützung.

»Ich mache mir solche Vorwürfe«, sagt sie und versucht vergeblich, die Tränen zu unterdrücken. »Meine Mutter hat alles genossen, solange es ging, sie hat das Leben, das Feiern und die Männer so geliebt, und ich habe es so oft nicht geschafft, mich von meiner Arbeit loszureißen, von meiner *Arbeit*, verstehst du? Ich habe sie alleine gelassen für etwas, was sie niemals für wichtig genommen hat und was verdammt noch mal auch nicht wichtig *ist*! Ich bereue es so sehr. Ich war nie mit ihr zum Tanzen! Sie hat viel von dir gesprochen in den letzten Stunden, hat vom Tanztee erzählt. Ich beneide dich, obwohl ich selbst eine andere Wahl gehabt hätte.«

»Ich hätte es wohl auch nicht getan, wenn du mir nicht vor ein paar Jahren diesen Job angeboten hättest«, sage ich. »Ich war also auch nur auf der Arbeit, aber ich habe sie sehr gern gemacht. Du machst deine Arbeit wahrscheinlich auch gern.« Ich merke, dass mein Gestammel wirklich schräg klingt, aber Kristin versteht meinen ungelenken Trost und lächelt mich dankbar an.

»Ich glaube nicht, dass sie es dir wirklich übel genommen hat, dass du so sehr in deiner Arbeit aufgehst.« Wohlweislich verschweige ich ihr den einen Abend, an dem Elfi mich für Kristin gehalten hat. Marcus und Silvana treten hinzu.

»Sie hat ein langes, turbulentes und meist glückliches Leben gehabt«, sagt Silvana. »Das ist nicht selbstverständlich. Freu dich für sie!«

Beim Leichenschmaus (es gibt Herrentorte, laut Kristin ein ausdrücklicher Wunsch ihrer Mutter) kommt Herr Sundermann auf mich zu. »Sagen Sie, Charlotte, Sie kommen aber doch weiter zum Tanzen, oder? Wo uns doch jetzt eine Dame fehlt?«

Ich weiß nicht, was ich sagen soll, denn bisher wurde ich ja für die Anwesenheit bei den Tanznachmittagen bezahlt, doch es erscheint mir gerade jämmerlich, das als Argument anzuführen. Herr Burmeister gesellt sich zu uns, hat schon den einen oder anderen Trauerschnaps intus und unterstützt Herrn Sundermann tatkräftig, indem er mit einer Stimme, in der Drohung und Drama perfekt aufeinander abgestimmt sind, raunt: »Wo Elfi nicht mehr ist: Wenn Sie auch noch wegbleiben, gehen wir alle nicht mehr tanzen!«

Ich weiß nicht, was ich sagen soll, da erscheint eine etwas korpulentere Frau um die fünfzig, die ich als Besitzerin des Tanzcafés erkenne. »Margret Schwarz«, stellt sie sich vor. »Entschuldigen Sie bitte, Frau Niesguth, darf ich Sie etwas fragen?«, fragt sie, während sie mich bereits am Ärmel zur Seite zieht.

»Ja«, antworte ich überflüssigerweise.

»Sie waren doch immer mit Frau Kronejung beim Tanzen und haben doch selber auch getanzt und ... mir hat eine Bedienung gekündigt, die montags ausgeholfen hat, da muss ich jetzt selber ran, aber würden Sie mich bei der Organisation und Durchführung der Tanznachmittage unterstützen? Es kommen jede Woche mehr Leute, und ich brauche Hilfe. Dekoration, Umräumen und jemand, der mit denen tanzt, die am Rand sitzen. Ich hatte immer den Eindruck, es macht Ihnen Spaß. Wir haben noch zwei andere Cafés, und ich spiele mit dem Gedanken, da auch noch Tanztees anzubieten, vielleicht nur ein- oder zweimal im Monat ... ich würde Sie natürlich angemessen bezahlen. Haben Sie noch Kapazitäten?«

Mir stockt kurz der Atem. Ich weiterhin als Senioreneintänzerin? Ohne Frau Kronejung, hinter der ich mich verstecken kann? Andererseits: Es hat mir wirklich Spaß gemacht. Und ich hätte weiterhin einen Job, bei dem ich die Jüngste wäre. Ich hätte überhaupt einen weiteren Job, denn nicht nur Frau Kronejung, sondern auch das mit ihr verbundene Einkommen wird mir fehlen. Ist es eigentlich moralisch in Ordnung, sich auf der Beerdigung einer lieb gewonnenen Person auch über einhergehende Verdienstausfälle Gedanken zu machen? Obwohl, *ich* habe mit der Jobdiskussion ja nicht angefangen!

»Sie haben kein Interesse?«, fragt Frau Schwarz enttäuscht.

»Doch. Klar. Ab wann?«, frage ich und schüttele ihre Hand. Ich hoffe, ich habe die richtige Gelegenheit beim Schopf gepackt, Elfi, denke ich und freue mich wirklich.

»Sag mal, du bist ja voll angesagt bei den älteren Herren«, sagt Marcus und knufft mich neckisch in die Seite.

»Ja, da geht was ...«, sage ich nachdenklich. Marcus sieht mich irritiert an. »Ich soll den Tanztee übernehmen. Organisieren und so. Ich werde jetzt eine offizielle Tanzteetrulla.« Ich erzähle ihm von Frau Schwarz' Angebot.

»Hey, das klingt gut. Aber wenn die Senioren dich zu doll anbaggern, sagste Bescheid, ja?« Marcus schielt misstrauisch zu Herrn Sundermann hinüber, der beide Daumen hochreckt und mir begeistert zuzwinkert.

»Erst, wenn ich auch einen Bitch-Gürtel geschenkt kriege, aber vielleicht werde ich dann auch schwach«, entgegne ich.

»Shit, da muss ich mir wohl echt was einfallen lassen!«, grinst Marcus. Und plötzlich ergibt alles einen Sinn: Hier endet etwas, hier muss etwas Neues anfangen.

»Was ist?«, fragt Marcus unsicher, weil ich ihn anscheinend merkwürdig anstarre. Ich hole tief Luft: »Heiratest du mich? Also würdest du wollen? Jetzt wirklich?«

»Ist das nur eine Übersprungshandlung?«, fragt er zögernd.

»Nein. Neulich, nach dem Urlaub, das war eine Übersprungshandlung. Es ist mir ernst, und ich bin nicht betrunken.« Es ist mir wirklich ernst, und ob der Tatsache bin ich etwas gerührt von mir selbst, ich, die bloß keine festen Bindungen eingehen wollte; ich, die immer predigte, für Glück bräuchte man keinen Trauschein. Ja, ich traue mich. Ich bin so weit. Es ist zwar traurig, dass erst jemand sterben muss, damit man erkennt, was einem wichtig ist, aber es gibt doch eigentlich keinen besseren Zeitpunkt, oder? Alles ist richtig! Ich sehe uns bereits in unserem mit Herzen und Schleifen dekorierten VW-Bus in die Flitterwochen fahren, der Himmel färbt sich rosa.

»O-okay ...«, sagt Marcus sehr langsam.

»Okay?!«, frage ich spitz nach.

»Ich ... Eigentlich ... Ääähhh ...«, Marcus schnaubt gereizt. »Weißt du, Hatschi, du kannst nicht erwarten, dass, wenn Madame sich mal die Ehre gibt, alle sofort klatschen und springen! All die Jahre habe ich dich immer wieder gefragt und durfte mir stets ein ›Neiiiiiiin!‹ anhören, und jetzt habe ich mich damit arrangiert, du ... überforderst mich gerade. Ich kann da jetzt nicht auf die Knie sinken und ›JAJAJA‹ brüllen. Ich ... Nein. Nein! Tut mir leid. Das hat nichts mit unserer Beziehung zu tun. Komm, wir gehen nach Hause, ja?« – So einen prämenstruellen Tonfall habe ich an ihm noch nie gehört! Mir ist, als hätte jemand einen Eimer kaltes Wasser über mir ausgeleert. In meiner jetzt Albtraumvorstellung färbt sich der Himmel von Rosa zu Schwarz, ein Reifen platzt, und wir schlingern mit unserem plötzlich sehr rostigen VW-Bus über eine dreckige Landstraße, bis wir mit einem dumpfen »FFFFUMP!« in einem Graben stecken bleiben. Ich unterdrücke den Impuls, Marcus eine runterzuhauen oder hysterisch zu kreischen, nehme meinen Mantel, verabschiede mich von den anderen und folge Marcus still. Wenn hier einer von uns einen Bitch-Gürtel verdient hat, bin es gerade nicht ich.

noch 13 Tage

WAS IST, WAS BLEIBT,
WAS KOMMT?

Wir sind schlafen gegangen, ohne viel zu reden. Am nächsten Morgen stehe ich früh auf, mache mir einen Kaffee und setze mich in die Küche. Ich bin immer noch wie vor den Kopf geschlagen, zu gleichen Teilen verletzt und beleidigt. Was ist passiert? Habe ich Marcus falsch eingeschätzt? Habe ich etwas nicht mitbekommen? Habe ich ihn all die Jahre so sehr verletzt durch meine, wie ich dachte, charmanten Abfuhren? Fühlt er sich nicht ernst genommen?

Aber Marcus war doch immer der vernünftige Part von uns beiden, der sichere, souveräne, sortierte: Marcus, der Fels in meiner Brandung, die Eiche, an der ich mich schubbern, an der ich mir die Hörner abstoßen konnte, der Mann, den nichts erschüttert! Wir streiten uns so selten, und wenn, dann ist es wie ein kurzes, heftiges Gewitter, und danach ist die Luft wieder rein. Mir liegt nichts an Beziehungsdramen und Marcus ebenso wenig, ich halte ihn im positiven Sinne für berechenbar, und jetzt das! Wollte er mir nur einen reinwürgen, weil ich ihn so oft abgewiesen habe? Nein, so ist er nicht. Also will er mich einfach nicht

162

heiraten. Die Gründe will ich gar nicht wissen. Ich will die Liste meiner Unzulänglichkeiten gar nicht hören, nachher fällt ihm beim Aufzählen erst auf, wie lang sie ist, und er verlässt mich ganz, das könnte ich jetzt, wie auch sonst, ganz schlecht ertragen.

Marcus kommt in die Küche geschlurft. »Alles klar bei dir?«, fragt er.

»Hmpf«, mache ich und kann ihm nicht in die Augen sehen. Wie, »alles klar?!« Natürlich ist *nicht* alles klar, du Idiot, denke ich, möchte es aber nicht in diesen Worten formulieren. Marcus schenkt sich einen Kaffee ein.

»Hör mal, Hatschi, wegen gestern ...«

»Ja ja, schon alles klar«, höre ich mich leichthin sagen und frage mich, ob ich jetzt total bescheuert bin.

»Wirklich?« Marcus schaut mich skeptisch an.

»Vergiss es einfach, okay?« Normalität ist, was ich will. Erbärmlich.

Er setzt sich, die Kaffeetasse mit beiden Händen fest umklammert, den Blick auf die Tischplatte gerichtet. »Es ist nur so ... Auf der Arbeit ist so viel Stress, jeden Tag ist irgendetwas anderes scheiße, die Zwillinge sind im schwierigen Alter, ich frage mich, ob ich das hier alles richtig mache und ob mein Leben Sinn macht oder ob ich meine Zeit mit den falschen Dingen vergeude, und das Einzige, was gut und rund läuft, ist unsere Beziehung. Der Gedanke an Veränderung in dem einzigen Ruhepol macht mir total Angst. Das ist mir gerade zu viel, und ich kann jetzt endlich verstehen, wie es dir vielleicht all die Jahre ging, wenn ich dich gefragt habe, auch wenn das immer nur sehr situativ war ...«

»Ich hab das ehrlich gesagt nie wirklich ernst genommen«, sage ich mit zerknirschter Verwunderung.

»Ich weiß, und manchmal hat mich das auch ein bisschen verletzt in dem Moment, aber wenn du Ja gesagt hättest, hätte ich wahrscheinlich ziemlich schlucken müssen. Und dass ich jetzt nicht Ja gesagt habe, ist eher so ein Aberglaubending, weil

... es ist doch alles super, so wie es ist! Oder?« Er sieht mich flehend an.

Jau. Ist es. Aber warum habe ich ihn dann gefragt? Das Ampelmännchen in meinem Kopf lehnt sich zurück, legt die Füße auf seinen Amtsschreibtisch und steckt sich in Gewinnerpose eine Zigarre an.

Plötzlich pustet eine warme Brise alle imaginären Nebelschwaden, die über meinem Gemüt hängen, fort, und ich kann wieder klar sehen: »Ich will dich gar nicht heiraten! Es ist total super, so wie es ist. Ich glaube, ich wollte etwas ... *Erwachsenes* tun.«

Meine Erkenntnis ist aufregend, erleichternd und erschütternd zugleich: In diesem Zwiespalt zwischen Trauer (Frau Kronejung ist tot) und freudiger Angst (was bringt die Zukunft mit den neuen Senioren am Tanzbein?) wollte ich wohl einfach nur ... Sicherheit. In Form einer Hochzeit! Wie blöd kann man sein? Ich versuche, meine temporäre Unzurechnungsfähigkeit zu rechtfertigen: »Ich glaube, ich wollte etwas festzurren, etwas über den Tod hinaus Bestehendes, etwas *Unsterbliches*. Ich dachte plötzlich, dass, wenn wir mal tot sind, keiner irgendwo nachlesen kann, dass wir zusammengehörten. Komm, das wäre nicht das allerschlechteste Argument, oder?« Ich lächle schief.

»Wenn du meinst, dass das jemand nachlesen muss, könnten wir eine Parkbank kaufen und unsere Initialen hineinritzen. Oder ich stelle uns eine Urkunde aus«, schlägt Marcus vor. Er lässt endlich seine Kaffeetasse los und nimmt meine Hand. Hmmm, schön warm.

»Dann aber bitte eine Ehrenurkunde, die hab ich früher bei den Bundesjugendspielen nie erreicht!«

»Ist gebongt!«

»Cool!«

»Ja!« Wir grinsen uns beide leicht dümmlich vor Glück an.

Dennoch, ich muss noch einmal nachhaken: »Du bist also nach wie vor glücklich mit mir und stellst nur alles andere infrage? Du zweifelst an deinen Entscheidungen und Fähigkeiten und hast das Gefühl, du hast nicht mehr alle Tassen im Schrank?«, vergewissere ich mich.

»Das klingt nicht so schön, aber ... ja, ich glaube, das trifft es.«

»Ha! Du hast es auch! Das Vierzigding, das kommt von Ulrikes Party, ich hab dich angesteckt, ich bin der Überträger, sorry! Du hast dich mit meiner Krise infiziert! Erinnerst du dich an unser Gespräch vor einiger Zeit? Welche ersten Male uns noch bleiben und so? Das ist genau das Gleiche!«

»Was? Aber ich dachte, du hättest so ne Älterwerden-Krise, mit Falten und Bindegewebe, so Frauenkram halt!«

»Quatsch, das ist auch so ein generelles Ding! Sinn und so! Hast du auch das Ampelmännchen im Kopf? Dieses kleine, blöde Arschloch, das an allem, was du tust, etwas auszusetzen hat?«

»Hä?!« Jetzt guckt er mich an, als hätte *ich* nicht mehr alle Tassen im Schrank. Da bin ich wohl doch etwas zu sehr ins Detail gegangen, eine Frau sollte manche Dinge für sich behalten, mysteriös bleiben, das erhöht die Attraktivität. Der Grat zwischen mysteriös und geistig verwirrt wird zusehends schmaler, wenn man scheinbare Mysterien laut ausspricht.

»Ähh, nichts«, sage ich deshalb schnell, aber ich bin sehr, sehr froh. Als ich Marcus' seelisches Befinden zusammengefasst und es als dem meinen sehr ähnlich empfunden habe, fiel mir auf, dass es mir plötzlich gar nicht mehr so bedrohlich erscheint, sondern irgendwie ... normal klingt. Beruhigend normal, nicht langweilig normal. So ist das Leben wohl einfach, Dinge ändern sich, und dieses Mal habe ich es einfach das erste Mal bewusst mitbekommen. Vielleicht habe ich sogar darauf gelauert, warum auch immer, aus Mangel an echten Alternativthemen und Marcus vielleicht aus Überforderung. Es passiert, ganz egal, ob man gerade vierzig wird oder nicht.

»Also wollen wir jetzt weiterhin nicht heiraten, richtig?«, vergewissert sich Marcus.

»Ja, wir wollen nicht!«, sage ich theatralisch. Er küsst mich. Ampelmann schlägt die Hände über dem Kopf zusammen.

»Aber können wir uns vielleicht um irgendetwas kümmern, dass ... ich weiß nicht ... etwas, das uns absichert, wenn einem von uns etwas passiert?«, frage ich zaghaft.

»Ein Testament?! Och nee, das ist mir noch zu früh!«, sagt Marcus mit großen Augen.

»Nein, eine Patientenverfügung oder so. Nur dass ich dich im Krankenhaus besuchen kann, wenn du irgendwo angefahren wirst. Oder dass du sagen darfst, die sollen die Maschinen abstellen, wenn ich hirntot an Schläuchen hänge! Ja?«

»Du hirntot? Wie soll das denn passieren?«

»Du hast noch nie gesehen, wie Herr Sundermann einen beim Foxtrott herumschleudert!«

»Oh, Mann, du bist aber echt romantisch drauf heute Morgen«, murmelt Marcus, während Ampelmann sich die Tränen trocknet und die Zigarre wieder ansteckt.

»Ich finde das schon irgendwie romantisch, wenn wir nach einer Möglichkeit suchen, dass du auch rechtlich gesehen Anteil an meinem Leben oder in dem Falle Nicht-mehr-Leben nehmen kannst.« Das Ampelmännchen tanzt vor Freude, und es ärgert mich nicht. Vor ein paar Monaten hätte es tanzen und rauchen noch als Kontrollverlust deklariert, wir nähern uns an, scheint mir.

»Darf ich dich rein rechtlich dann auch an *Körperwelten* verschachern?«, fragt Marcus neugierig, und ich erkläre ihm nachdrücklich, dass, wenn er noch mal etwas in der Richtung frage, umgekehrt von *seinem* Körper nicht mehr viel für die Nachwelt übrig bliebe. Dann gehen wir zurück ins Bett, und zwar so, als ob es kein Morgen gäbe.

In zwei Wochen werde ich vierzig, und es kümmert mich überhaupt nicht.

*Heute. Es
ist so weit.*

TOP FORTY

»Lass die Augen noch zu! Zulassen! Hier – oh, sorry, da war eine Stufe. Wehgetan? Lisa, warum sagst du denn nichts?«, sagt Mona vorwurfsvoll.

»Wann denn?! Du redest doch die ganze Zeit!«, meckert Lisa, während ich mir mein Schienbein reibe. Die beiden haben mich nach einem reichhaltigen Geburtstagskaffee ins Auto bugsiert und mir die ganze Zeit die Augen zugehalten. Marcus fuhr uns irgendwo hin, Andrea kommentierte den Straßenverkehr, doch ich habe wirklich keine Ahnung, wo ich jetzt bin. Eigentlich war der Plan folgender: ausschlafen, Kaffee, Sekt, wieder hinlegen, ausgiebig Kaffee trinken mit Marcus, Andrea und den Zwillingen und so den Restnachmittag überbrücken, um dann zum Inder um die Ecke zu gehen, der einen etwas größeren Raum zur Verfügung hat, in dem man auch tanzen und feiern kann. Ich habe nicht viel Energie in die Planung meines Geburtstages investiert, weil er mir so wichtig nicht mehr erschien. Ich habe nur eine Rundmail geschrieben und zu einem lockeren Beisammensein mit kleiner Tanzoption geladen. Weil es einiges zu be-

167

sprechen gab bezüglich neuer Tanztees (»Wir brauchen schöne, bunte Plakate, Charlotte!«), war ich viel beschäftigt. Und dann haben Marcus und ich gestern Abend in einer, sagen wir verrückt-nostalgischen Minute (und weil wir beim Aufräumen in der Ecke einer Schublade ein Tütchen mit einem aufgedruckten Hanfblatt gefunden haben, in dem noch ein kleiner Klumpen Dope war, der mindestens vier Jahre alt sein musste), einen Joint geraucht, und weil dieser bei mir exakt dieselbe Wirkung entfaltete wie alle vor ihm, bin ich sofort eingeschlafen, habe Mitternacht verpennt und bin erst zur Mittagszeit wieder aufgewacht. Ich verstehe bis heute nicht, wie Menschen kiffen können, *bevor* sie ausgehen. Jedenfalls haben wir den Lachs ausgelassen und den Tag mit Sekt, Kaffee und Kuchen begonnen, doch bevor der Restnachmittag um war, haben die vier meine Planung über den Haufen geworfen. Wir sind ein ganzes Stück weiter gefahren als nur zum Inder um die Ecke. Ich wurde aus dem Auto gehievt, wobei die Zwillinge Geräusche machten, als wäre ich ein Sack Zement. Ich habe aber sogar heldenhaft die Augen zu gelassen, als ich mir das Schienbein geprellt habe, sie sind aber auch trotz des Kaffees noch dopeschwer. Außerdem macht Sekt mich immer müde.

»Und jeeeetzt: Augen auf!«, kommandiert Lisa. Ich folge ihrer Anweisung. Wir sind im Tanzcafé, es ertönt ein dolby-surround »Happy birthday!«, und da stehen sie, allen voran Josie und Olaf. Die beiden grinsen händchenhaltend, ich hoffe, dass sie glücklich sind und nicht nur gemeinsam schadenfroh ob meines vierzigsten Geburtstages. Immerhin macht Olaf jetzt eine Hypnosetherapie, hat Josie mir erzählt, und sie haben sich schnell wieder versöhnt. Wie das genau vonstatten ging, habe ich nicht näher hinterfragt, schließlich arbeite ich immer noch daran, das Bild des ständig kopulierbereiten Olafs aus meinem Gehirn zu verbannen. Neben ihnen strahlen mich Herr Sundermann, Herr Burmeister und Silvana an. Frau Schwarz ist da, meine Eltern

168

(die seit Jahren erstmals ihre geliebte Nordseeküste verlassen haben!), Ulrike und Joachim (Ulrike mit einer gewagt asymmetrischen New-Wave-Gedächtnisfrisur in Schwarz-Rot, Joachim in einem hippen Retro-Anzug), Kristin, Frank, Francesco und ein paar weitere Bekannte, die ich lange nicht gesehen habe, und nicht zuletzt der Inder, zu dem wir eigentlich gehen wollten und der dafür hier ein opulentes Buffet aufgebaut hat. Frau Schwarz verteilt Sektgläser in der Runde, alle schreien »Prost!«, und die ersten Gratulanten fallen über mich her. Ich kriege einen unglaublichen Haufen Geschenke, angefangen bei lustigen Präsentkörben voller Anti-Falten-Cremes und Doppelherz-Probierfläschchen, über Ratgeber mit vielversprechenden Titeln wie »In Würde altern für Anfänger«, bis hin zu einem Heizkissen und einer Vorratspackung ABC-Pflaster. Ich bin schwerstens gerührt und – was man niemandem offen sagen darf – freue mich total über das Heizkissen. Um das zu vertuschen, rufe ich fröhlich »Ihr Drecksäcke!« in die Runde, was mit großem Applaus erwidert wird. Später nehme ich eine der Glückwunschkarten in die Hand, die auf dem Gabentisch liegen. Bei der mir mittlerweile vertraut gewordenen Handbewegung, die ich machen muss, wenn ich versuche, etwas Kleingedrucktes zu lesen (nämlich das Geschriebene in einem bestimmten, immer größer werdenden Abstand vor die Augen zu halten und durch leichte Näher-dran- und Weiter-weg-Bewegungen auf die richtige Entfernung einzupegeln, sodass sich die Buchstaben von einem verschwommenen Kauderwelsch zu einem lesbaren Gesamtbild entwickeln), tritt Josie neben mich und reicht mir eine Lesebrille. »Da, nimm. Ist meine. Hab ich seit zwei Monaten, ist super!«

Ich zögere, setze sie aber auf. Wahnsinn! Das ist ja total angenehm, denke ich und stelle fest, dass ich keine Glückwunsch-, sondern die Speisekarte in den Fingern habe.

Herr Sundermann schenkt mir ein paar rote Tanzschuhe, die mir die Tränen in die Augen treiben, und um meine Fassung ist es fast völlig geschehen, als Kristin mir eröffnet, dass ihre Mutter mir ihre Plattensammlung vermacht hat.

Unterdessen haben die Zwillinge es irgendwie geschafft, sich unbemerkt einige Gläser Sekt einzuflößen, weshalb Mona mit roten Wangen, glänzenden Augen und leichten Artikulationsschwierigkeiten plötzlich mit einem halb vollen Glas auf einem Stuhl steht, »Auf die Jugend« brüllt und zum Glück das Gleichgewicht verliert, bevor sie das Glas durch den Raum schleudern kann. Sie wird von Lisa aufgefangen, die sich als neun Minuten Jüngere aber heute als die Vernünftigere entpuppt (oder sie kann Alkohol einfach besser vertragen) und die Mona streng anraunzt: »Du musst ›Auf Hatschi‹ sagen!«

»Wiessso? Die habbich doch gemeint!« Mona versucht, mir zuzublinzeln, verliert dabei aber erneut fast das Gleichgewicht. Ich drücke beide kräftig, schiebe sie unauffällig in Marcus' Richtung, der Mona wortlos eine Cola in die Hand drückt und ihr zwei Eiswürfel in den Pulli steckt. »Von wegen auf die Jugend! Gleich gibt's auf die Mütze!«, knurrt er. Mona quiekt, ernüchtert schlagartig, den Rest Alkohol gilt es nach der Erfrischung jetzt auszuschwitzen. Herr Burmeister hat sich hinter das DJ-Pult gestellt, welches aus zwei Plattenspielern und einem CD-Player besteht, die mit einem bunt blinkenden Umlauf-Lichtschlauch geschmückt sind, greift zum Mikrofon und eröffnet den sportlichen Teil. »Liebe Charlotte«, beginnt er.

»Hatschi!«, ruft Lisa.

»Gesundheit«, wünscht Herr Burmeister herzlich und fährt fort. »Also, liebe Charlotte ...«

»Nein, sie heißt Hatschi. Ihr Spitzname. Man nennt sie so!«, erklärt Lisa nachdrücklich.

»Muss aber nicht sein«, beeile ich mich zu sagen. »Fast *niemand* nennt mich noch so!«

»Dohoch!«, meint Mona nachdrücklich. »Fast *jeder* nennt sie so. Wir und Papa und Josie und Andrea und ...«

»Ja, wenn das so ist«, Herr Burmeister strahlt. »Liebe Hatschi, wir älteren Herren und Frau Schwarz«, Herr Sundermann und Frau Schwarz nicken stolz lächelnd in die Runde, »freuen uns außerordentlich, dass Sie die Organisation unseres Tanztees übernehmen und vielleicht noch weitere eröffnen. Diese Tanznachmittage sind unser aller Höhepunkt der Woche und halten uns jung. Sie bleiben natürlich weiterhin die Jüngste bei uns, und das ist doch ab vierzig in manchen Momenten vielleicht ganz schön, nicht wahr? Auch wenn Sie natürlich keinen Tag älter aussehen als ... siebenunddreißig.« Er zwinkert mir zu, alle lachen. »Aber genug geplaudert, Sie dürfen den Tanz eröffnen!«

Marcus guckt mich panisch an. Die Nadel senkt sich auf die Platte, ein Kratzen und Knarzen ertönt, dann singt Eddie Cochran uns den »Summertime Blues«.

»Keine Angst, ich führe!«, raune ich Marcus zu.

»Genau davor habe ich Angst«, raunt er zurück, doch da habe ich ihn schon in eine Promenade geschickt, der es vielleicht an Eleganz, nicht aber an Schwung fehlt. Josie und Olaf tanzen, Andrea hat sich den Inder geschnappt, und ich höre jetzt Lisa quieken, weil Herr Burmeister sie energisch auf die Tanzfläche zieht. Mona lacht, bis sie Schluckauf kriegt, was recht schnell geht, hält sich an der Theke fest und eröffnet somit beunruhigende Ausblicke in eine wohl nicht mehr allzu ferne Zukunft. Meine Eltern tanzen, trinken anschließend Brüderschaft mit dem Duo Infernale (Burmeister/Sundermann), und ich höre aus ihren Gesprächen nur einzelne Wortfetzen, die »Tanztee« und »Ostfriesland« beinhalten.

Meine Mutter kommt zu mir herübergetänzelt, meinen Vater am Arm hinter sich herziehend. »Mensch, Hatschi, das finde ich ja toll, dass du jetzt einen richtigen Beruf hast, mit dem Tanztee«, lobt sie.

»Ja, das finde ich auch gut. Ich habe aber auch noch die ganzen anderen Jobs, Mama«, sage ich herausfordernd. »Wird dir das nicht zu viel? Also ich könnte das ja nicht ...«, zweifelt meine Mutter.

»Charlotte kann das aber. Hat sie ja die letzten zwanzig Jahre auch geschafft. Jetzt freu dich doch mal, Maria, dass unsere Tochter ihr Herz für Tanz mit alten Menschen entdeckt hat. Davon werden wir auch profitieren!« Er knufft meine Mutter in die Seite und lächelt mir zu.

»Schön, dass ihr da seid«, sage ich und meine es auch so. Das Alter stimmt mich milde.

»Darf ich bitten?«, fragt mich mein Vater und bietet mir seinen Arm.

»Sehr gerne.«

Nach einer Stunde Standardtanz, der vereinzelt ganz neue Möglichkeiten von Standards eröffnete, stärke ich mich am Büfet, und Ulrike gesellt sich zu mir. Sie hat ein großes Glas Bowle in der Hand. Offensichtlich ist es nicht ihr erstes, doch sie sieht sehr fröhlich aus.

»Und? Wie isses so mit vierzig?«, grinst sie mich an.

»Bisher ganz gut«, gebe ich mit vollem Mund zurück. »Warst du beim Friseur?«

Ulrike nickt. »Und beim Tätowierer«, gesteht sie und schiebt den Ärmel ihrer schwarzen Flatterbluse nach oben. Ich staune. Zwar nicht auf dem Unterarm, aber dafür über den gesamten Bizeps (oder sagen wir da, wo der Bizeps sein sollte, bei Ulrike hat er sich, glaube ich, mit dem Trizeps zusammengetan, und meistens hängen sie zusammen ab) erstreckt sich ein Blumenbouquet, das Fleurop als Plakatwerbung verwenden könnte.

»Wie kam es dazu?«, frage ich ehrlich interessiert.

»Ach, weißt du, mir war so nach ... Veränderung. Kannst du dich noch an unsere Unterhaltung auf meinem Geburtstag erinnern? Über mein ehemaliges Betreuungskind, die Angelique, und ihren Typen ...«

»Der tätowierte Schwerverbrecher«, nicke ich grinsend.

Ulrike scharrt verlegen mit dem Fuß. »Den hab ich wenig später wieder getroffen. Der ist Physiotherapeut und hat Joachims Schulter behandelt. Das war mir total peinlich. Plötzlich erschien mir mein ganzes Leben total spießig und langweilig, ich meine, auf meinem Geburtstag ... da wurde ja noch nicht einmal getanzt! Ich wollte irgendwie ... Buße tun, glaube ich. Und frische Blumen kann man doch nie genug haben, oder? Prost!«

Frische Blumen auf welker Haut ... na ja. Aber recht hat sie. Besser bunte welke Haut als gar keine Farbe.

»Prost«, sage ich darum, wir stoßen an, Ulrike leert ihr Glas in einem Zug.

»Und jetzt bist du wieder so voll groovy drauf?«, erkundige ich mich ehrlich interessiert.

»Quatschsch!« Ulrike lallt jetzt deutlicher. »Aber essiss mir egal. Isch bin gelassener. Isch mache, worauf ich Lust habe und manschmal habbisch eben Lust auf Schpießigsein. Naunnndd? Weisstu: Altwerden beginnt im Kopf!«

»Nein, Altwerden beginnt im Rücken!«, entgegne ich überzeugt.

»Ja, bei manchen sitsssst der Kopf auchim Rücken«, nickt Ulrike bestätigend. »Oder im Arsch. Und der Arsch der anderen isseh immer grüner alsssdas Gras auf der eigenen Seite. Ich geh tanssen, Prost!« Gesagt, getan. Herzhaft stupst sie Joachim an, der gegen Andrea prallt, und als wäre das ein Startsignal, schaut sie auf die Uhr und entfernt sich in Richtung Nebenraum. Marcus hat sich zur Verdauung offensichtlich mindestens einen Jägermeister gegönnt, jedenfalls ruft er »Mach doch mal einer die Musik lauter!« und wippt ausdrucksstark in den Knien.

In diesem Moment betritt Andrea wieder die Szenerie, stellt die Musik aus und schnappt sich das Mikrofon des DJ-Pultes. »Liebe Charrrrlotte«, schnarrt sie und grinst diabolisch, »du bist etwas älter geworden, aber nicht dümmer. Und du hast nach wie vor einen guten Geschmack, deswegen sind wir ja alle hier.

Herzlichen Glückwunsch. Aber was wir vielleicht besser wissen als du, ist, dass du ganz die Alte geblieben bist, die du in jungen Jahren schon warst ... Äähhh ... Verstehste? Und das ist gut so, denn wir wissen, wofür dein Herz schlägt: für alle, die du magst, für den Tanz und für den Rock 'n' Roll im Allgemeinen. Darum schlagen wir zurück. Wir haben zusammengelegt, hier eine kleine Überraschung für dich: *The Jancee Pornick Casino*!!!«

Die faltbare Holztrennwand, die den kleinen Saal nebenan bisher verdeckt gehalten hat, wird zur Seite geschoben, und da stehen sie: eine der coolsten und besten Bands dieser Zeit und dieser Stadt, und ich bin plötzlich unglaublich glücklich, weil ich weiß, dass sich mein Geschmack in dieser Hinsicht nicht mehr ändert und ich mich somit bis zum Ende meines Lebens glückselig an diesen Abend zurückerinnern kann, ohne mich für meinen Musikgeschmack schämen zu müssen. Ich glaube, ich weine gerade ein bisschen, aber selbst das ist egal, die Band fegt eh alles weg. Marcus zieht mich nach vorne, hüpft und tanzt (jetzt führt er!), Mona und Lisa staunen kurz, und man sieht ihren Gesichtern an, dass sie gerade abwägen, ob wir eher unter die Überschrift »cool« oder »peinlich« fallen. Sie entscheiden sich, weil es gute Kinder sind, für »cool« und hüpfen mit, und alle anderen, auch die Oldie-Fraktion, nicken, wippen, johlen oder lächeln zumindest entrückt, denn der Rock 'n' Roll, live und in Farbe, macht alle Menschen jung und glücklich. Und was der Rock 'n' Roll ist, entscheidet eben jeder für sich, jeden Tag neu.

DANKESCHÖN

Vierzigwerden ist vielleicht schwer, Vierzigsein bisher nicht so.

Ich muss sagen, dass mir die Vierzig ziemlich egal war, die Zeit vergeht viel zu schnell, als dass man sich über Zahlen wie diese Gedanken machen sollte.

Dass ich bis hierhin gekommen bin, liegt nicht nur an mir, daher ein großer Dank an meine fabelhaften Eltern (die auf Schäfchen verzichtet und sich stattdessen um eine für mich ausreichende Erziehung gekümmert haben), meine Geschwister (die mir sehr früh Lesen und Schreiben beibrachten, damit ich ihnen nicht auf die Nerven ging) und an alle Freundinnen und Freunde, die sich meine Klagen und Texte anhörten und mich darin bestärkten, weiterhin auf Bühnen zu gehen (wahrscheinlich, damit ich nicht immer in ihren Küchen herumsitze). Über die Freundschaft hinaus Dank an Katinka fürs Aus-der-Krise-Helfen und außerdem fürs Mit-mir-auf-der-Bühne-Sein, an Mary und Lena für kritische Augen und äußerst hilfreiche Anmerkungen, Ossa fürs Schreibasyl, Volker Surmann fürs Finden und Wiederverlegen, den Schnupsis für Existenz und Inspiration und Lacky für alles.

Live long, die fast!

D.S., Januar 2014

INHALT

Vielleicht sind's ja doch nur die Hormone (1) 5
Fähigkeit und Leidenschaft 17
Vielleicht sind's ja doch nur die Hormone (2) 23
Frau Kronejung will tanzen 31
Vielleicht sind's ja doch nur die Hormone (3) 41
Ich kaufe eine Axt 46
Urlaubszeit – schönste Zeit (1) 50
Wahre Schönheit kommt von irgendwo 59
Ursache – Wirkung 67
Sein oder Nichtsein, das ist hier nicht die Frage 71
Sex, Brause und Rück 'n' Roll 82
The Masterplan of Weihnachtsfernsehen 92
Sie sind jetzt so weit 97
Vielleicht sind's ja doch nur die Hormone (4) 106
Celebrate Youth 113
Urlaubszeit – schönste Zeit (2) 124
Versuch macht kluch 134
Schäfchen zählen 141
Es ist nicht alles gut, nur weil's perfekt ist 150
Es sind doch nicht nur die Hormone 156
Was ist, was bleibt, was kommt? 162
Top Forty 167